# 恐怖箱

# 厭満

つくね乱蔵



竹書房
怪談
文庫

※本書に登場する人物名は、様々な事情を考慮してすべて仮名にしてあります。また、作中に登場する体験者の記憶と体験当時の世相を鑑み、極力当時の様相を再現するよう心がけています。現代においては若干耳慣れない言葉・表記が登場する場合がありますが、これらは差別・侮蔑を意図する考えに基づくものではありません。

# まえがき

手引き

先日、勤務先で孫自慢をしていたときのことだ。

側にいた北村さんという男性が、話に加わってきた。

「僕、この前の日曜日に孫の手を引いてるところを見られたらしい」

北村さんは写真を趣味にしている。その日は、紅葉で有名な寺が目的地だった。

そこで半日を過ごしてから市街地へ戻り、食事後に帰宅したそうだ。

孫の手を引いて境内を歩いているところを目撃されたのだという。

写真を撮りながら孫の相手をするのは、なかなかどうして難しいだろうに、良いお爺ちゃんだなと茶化す我々に、北村さんは憮然とした表情で言った。

「僕、独身なんだよ。孫なんていない」

「他人の空似だろう。世の中には、自分に似た人が三人いるとかいうし」

これで終わりのはずなのだが、話はここからおかしくなっていく。

「自分でも訳が分からないんだけど、実を言うと小さな女の子の手を引いて歩いた記憶があるんだ」

お孫さんを連れて歩いてましたねと言われたときは、何のことか皆目見当が付かなかったのだが、ふとした瞬間に記憶が蘇ってきたのだという。

橋の上から撮影する予定だったが、シーズン中は撮影禁止と言われ、仕方なく目に焼き付けながら歩いていた。橋の真ん中で、既に左手が小さな女の子の手を握っていた気がする。

気のせいでなく、細い指の感触も覚えている。

あ、これは僕と親を間違えたんだな。そう判断した北村さんは、女の子に優しく話しかけた。

「こんにちは。お父さんか、お母さんと一緒に来たのかな」

女の子は俯いたまま、返事もしない。そのまま連れて歩くわけにもいかない。

北村さんは、女の子の手を引いて迷子センターに向かった。

到着した瞬間、左手が軽くなった。いつの間にか、女の子が消えている。遠くには行けないだろうに、それらしき姿はなかったという。

自由になった左手は、しっとりと汗をかいていた。センターの係員に、事情を話し、迷子の女の子がいるかもしれないと伝えておいた。

今になって思うと、女の子は全く足音がしなかったそうだ。

何故、北村さんが選ばれてしまったか不明である。
もしかすると、理由はないのかもしれない。
ただの気紛れで、通りかかった人の手を引く。何事もなく解放してくれれば幸いだ。
そのまま何処かへ連れていかれる可能性もある。
怪異はそれなりの場所にだけ存在するとは限らない。
何処にでもある日常の空間に漂うものもいる。
今までは何ともなかった場所。
互いへの愛と思いやりに満ちた夫婦。
笑い声の絶えない明るい家庭。
そんな場所にも小さな手は現れる。貴方の手を引き、連れていこうとする。

この本には、そういった沢山の小さな手になる話を書いた。
無事に解放されるか。何処かへ連れていかれるか。
それは私が知る由ではない。

著者

# 目次

# 8　世界一の景色

ある日のこと。陽一さんは真奈さんから、突拍子もない相談を受けた。

幽体離脱の練習がしたいというのだ。

「ええと、僕の奥さんは何を言ってるのかな」

聞こえなかったと思ったのか、真奈さんはゆっくりと言った。

「ゆーたいりだつのー」

「ああはいはい分かったから」

右手で制しながら、左手で自分の眉間を強く押さえる。頭がスッキリした後で陽一さんは、真奈さんを見つめた。

どうやら本気だ。その証拠に、鼻の穴がぷっくりと膨らんでいる。

「分かった。とりあえず調べてみるから」

あっさり了承したのには理由がある。

陽一さんにとって、真奈さんの突拍子もない行動は日常茶飯事であった。

真奈さんは、好奇心と行動力の塊である。子供の頃から、その活躍は近所でも評判だったそうだ。

高い煙突に上って降りられなくなって大騒ぎになったとか、学校の七不思議を探るべく、真夜中の校舎に忍び込んで通報されたり等々、やりたい放題だったという。

大学生になった真奈さんは、名所旧跡を訪ねるほうに好奇心が移った。日本中の美しい景色を漏れなく見たかったらしい。

そのために自動二輪の免許を取り、大型バイクで全国を巡った。その旅の途中、陽一さんに出会ったのである。

お互いに一目惚れだった。結婚したら、夫婦で全国を旅して回ろうと夢を話し合った。

幸せは、こうやって唐突に訪れる。

同じように、不幸もいきなりやってくる。

結婚して僅か二年、真奈さんは事故で大怪我を負った。

真奈さんが半身不随になってから、陽一さんの生活は激変した。共働き家庭だったが、一人で家計を支えるため、趣味のバイクは封印して仕事に没頭した。

真奈さんも、慣れない車椅子生活を続けながら、可能な限りの家事をこなした。大好きなバイクには乗れなくなったが、新たな趣味を持つことで好奇心を満たすようにした。

見よう見まねで始めた鉛筆画だが、元々才能があったらしい。色鉛筆画にも手を出したところ、玄人はだしの絵が描けるようになってきた。

どんな環境でも、日々を楽しむ。それをモットーとする真奈さんならではのことだ。

陽一さんが落ち込まずに生きてこられたのも、真奈さんのおかげである。

だからこそ、陽一さんは真奈さんの妙な願いを全て叶えようと心掛けてきた。

今回もそうだ。何を思ってかは分からないが、妻が幽体離脱したいと願うなら、そのための資料を集め、有益な事実を抜き出していくのが夫としての最優先事項である。

恐らく、そうやって手伝わせることで、仕事一筋の陽一さんに休憩させることが目的だろうと思えた。

驚いたことに、幽体離脱は練習方法があった。検索すると、座禅、呼吸法、イメージング、ヘミシンク、ヨガ、スピリチュアルワークなどがヒットした。

座禅やヨガは何となくイメージできる。呼吸法やイメージングは、それに付随するものだろう。

ヘミシンクというのは、波長の名前らしい。動画サイトに、ヘミシンク波の音楽というのが沢山アップされている。聴いていると、気持ちが安らぐのは確かだ。

陽一さんは集めた資料を真奈さんに見せた。

「はい、ここから好きなのを選ぶといいよ。成功したら、お隣の吉田さんがカツラかどうか調べてきて」

「了解。期待してて」

この時点で、陽一さんは真奈さんのスキルを甘く見ていた。

負けず嫌いと粘り強いというスキルだ。真奈さんは、端で見ていて引くほど熱心に練習を続けた。


一カ月後の日曜日。

朝のコーヒーを楽しんでいる陽一さんの正面で、真奈さんは得意げにVサインを出した。

「吉田さん、ツルッパゲ！」

「マジか」

真奈さんは、ついさっき幽体離脱に成功したのだという。

本人がそう言うのだから、とことん付き合うしかない。

「ついでに娘さん、寝過ごしてたみたい。あと少しで飛び出してくるわ。ちなみに今朝は緑のジャージ」

興味津々で陽一さんが通りに出た瞬間、勢いよく開いた吉田家のドアから、緑のジャージ姿の娘さんが全速力で走り出していった。

偶然にしては、あまりにもピンポイントだ。俄然、幽体離脱成功が真実みを帯びてきた。

部屋に戻った陽一さんは、真奈さんにこれからの予定を訊いた。

「見たかったところを全部見てくる。まずは屋久島」

その日から真奈さんは、世界を股に掛ける旅人となった。

イースター島、モヘンジョダロ、モンサンミッシェル、ありとあらゆる名所旧跡を訪れ、得意の絵で日記を付ける。

検索しても出てこない景色や、建物の内部なども詳細に描かれている。

その絵日記が二冊目に突入した朝。

真奈さんは、いつもの笑顔を納め、真面目な顔で陽一さんの前に座った。

薄い緑色の封筒が置かれた。真奈さんが定期的に通う病院の名前が記されてある。

「あのね。私、血液の病気になっちゃってた。これ、診断書。黙っててごめん」

陽一さんは震える指で診断書を広げた。聞いたこともない病名が記されてある。そんな見知らぬ病気が、残り僅か三年で妻を連れていってしまう。

真奈さんは優しく微笑んで言った。

「実は少し前に分かってた。だから幽体離脱してみようかなって思って。そしたら私、天才じゃない？　やってみて良かったわ。生きてる間に全部回ってくる」

その後、真奈さんは宣言通り、世界一周の旅を続けた。

だが、一つだけ予想外の事態が生じてしまった。幽体離脱は、かなり体力を消耗するのだ。

真奈さんは見るからに痩せてきた。

医師が言うには、化学療法は目覚ましく進歩しており、七十パーセント以上は治癒が期待できるそうだ。

ただし、それはある程度の体力があってこその話。このまま幽体離脱を続けることは、治る可能性を捨てることになる。

陽一さんは迷いに迷った末、真奈さんに幽体離脱を止めてほしいと頼んだ。

しっかりと治ったら、行けなかった場所には僕が連れていく。

陽一さんは、そう宣言した。

真奈さんは、涙を流しながら、何度も頷《うなず》いたという。

これで治療に専念できると気合いを入れ直した二人だが、そう簡単にはいかなかった。

真奈さんの幽体離脱は、本人の意思を無視するようになってしまったのだ。

どれほど頑張っても、眠ると肉体を離れてしまう。目的地を決めていないから、枕元に立って抜け殻の自分を見るしかない。

眠る前に身体に御札を貼ったり、盛り塩を布団の周りに並べたり、様々な対策を講じたのだが全て無駄だった。

こうして、真奈さんは徐々に弱っていった。

辛い治療は冬の間、ずっと続いた。

春の気配が漂い始めた頃、陽一さんは旅行用に貯めていた資金を使い、ある物を購入した。

自分のバイクに取り付けるサイドカーである。

桜の花が舞う中、陽一さんは真奈さんをサイドカーに乗せてドライブに出かけた。

声を上げて泣きじゃくる真奈さんを乗せ、陽一さんは隣町にある大きな緑地公園を目指した。

僅か往復三十分のドライブだった。

その十日後、真奈さんは二度と戻らない旅に出た。

多臓器不全で苦しんだはずなのに、最後まで優しい笑顔だったという。
世界一周の絵日記は二冊目の途中で終わっている。
最後の絵は、あの日訪れた緑地公園だ。
絵の下には『今日、世界一美しい場所に行ってきました』と書いてあった。

# にっこりくまさん

岡田さんは、今年の春に愛する妻を亡くした。

不治の病と判明してから、僅か三カ月のことである。

長寿で美しいから寿美という名前なのと笑っていたくせに、あっという間に妻は旅立っていった。

それからしばらくの間、岡田さんは何も手に付かず、ぼんやりと日々を過ごした。

心配して同居を申し出てくれた母親のおかげで、家事と育児の負担は少ない。それに甘えていてはいけないとは思うのだが、どうしても気力が湧いてこない。

そんな岡田さんが再び歩き出す力となったのは、三歳になる娘の梨恵ちゃんだった。

まだ普通に会話が可能だった頃、寿美はこんなことを言っていた。

「人間ってさ、死んでからも四十九日間は家に居続けるんだって。あたしもそうなるだろうけど、お化けは梨恵が怖がるかもね」

縁起でもないことを言うなと窘《たしな》めると、寿美は更に続けた。

「決めた。梨恵が怖がらないように、くまさんのぬいぐるみに入るわ。だから、ぬいぐるみが動いても大丈夫だよって教えてあげてね」

くまさんのぬいぐるみとは、梨恵ちゃんが三歳の誕生日に贈られたものだ。梨恵ちゃんの半分ぐらいの大きさである。

眠るとき、梨恵ちゃんは必ずそのぬいぐるみを側に置く。寿美が亡くなってからは、眠るとき以外でもぬいぐるみと離れなくなっていた。


初夏を迎えたある朝。

岡田さんは洗濯機を回してから、朝食作りに取り掛かっていた。母親は、実家に一週間程戻っているため、家事全般をこなさねばならない。

日々の忙しさは、悲しみを忘れるには丁度良かった。

もう少しでできあがるというところで、まだ眠っているはずの梨恵ちゃんの笑い声が聞こえてきた。

何だかとても楽しそうだ。聞いている岡田さんも釣られて笑ってしまうほどだった。

朝食を居間に運び終えた丁度そのとき、梨恵ちゃんがくまのぬいぐるみを抱きかかえてやってきた。

「おはよう。今朝はお友達と一緒かい」

岡田さんが優しく訊くと、梨恵ちゃんは興奮した様子で話し始めた。

「おとうさん、くまさんがうごいた！　てをふった！」

目を輝かせて、ぬいぐるみを差し出してくる。その一瞬で、岡田さんは妻の言葉を思い出した。

梨恵が怖がらないように、くまさんのぬいぐるみに入るわ。

そうか、君は約束を守ったんだね。岡田さんは、そっとぬいぐるみの手を握り、ありがとうと声を掛けた。

「なんでくまさんうごいたの」

梨恵ちゃんは不思議そうに首を捻っている。そういえば、こんなに素直に喜んでいる姿を見るのは久しぶりだ。

岡田さんは、慎重に言葉を選んで答えた。

「きっと、梨恵のことが大好きだからだよ」

梨恵ちゃんはその答えに納得したようだ。ぬいぐるみを横に置き、朝食を食べ始めた。

「あっとしまった。梨恵、飲み物はミルクでいいかな」

台所でマグカップにミルクを注ぎ、居間に戻ると梨恵ちゃんの横に置いたはずのぬいぐるみが、岡田さん側に移動していた。

どかそうとした途端、ぬいぐるみに腕を叩かれた。

「え？」

思わず口に出た言葉に反応したかのように、ぬいぐるみがゆっくりと顔を上げた。

確かにこれは寿美が入っている。普通なら怖くて当たり前の状況だが、愛おしさが勝った。

ぬいぐるみの頭を優しく撫でながら、梨恵も僕も元気にやってるよと話しかける。安心したのか、ぬいぐるみは動かなくなった。

朝食を済ませ、岡田さんは梨恵ちゃんと一緒に自宅を出た。通勤途上の保育園に梨恵ちゃんを預け、駅へと向かう。

五時半に退社し、梨恵ちゃんを迎えに行き、その足で夕飯の買い物を済ませて帰宅。

それが一日の流れだ。

玄関のドアを開けると、すぐ前にくまのぬいぐるみがあった。居間のソファーに置いていたはずだ。

「くまさんただいま」

早速、梨恵が飛びつく。当たり前のように両手を挙げたぬいぐるみを抱きかかえる。

「おーい、うがいと手洗いだぞー」

帰り道も久しぶりに会話が弾んだ。あのぬいぐるみの、いや、寿美のおかげだ。

近況報告と御礼を言うため、岡田さんは仏壇の前に座った。

ロウソクと線香を灯し、手を合わせ、ありがとうと頭を下げた。居間に向かう途中、岡田さんはふと妻の言葉を思い出した。

〈人間ってさ、死んでからも四十九日間は家に居続けるんだって〉

寿美の葬儀は三月の二十九日。今日は六月三十日。四十九日どころではない。

梨恵ちゃんは洗面所でうがいと手洗い中だ。岡田さんはぬいぐるみの前に立ち、そっと話しかけた。

「お前、本当に寿美か」

ぬいぐるみは、ゆっくりと口を動かし、にたりと笑った。

# 関西男へ贈る言葉

五年程前のこと。

話を提供してくれた知人の瀬名さんを飲み会に誘った。軽く飲んで、と言ってもかなりの酒量だが、二軒目に突入。

たまたまその店に、仕事帰りの優花さんがいた。優花さんという名前だが、男性である。同じ通りにあるゲイバーの従業員だ。

優花さんがこの店のマスターに惚れているのは有名な話なので、いても不思議ではない。

「あら、つくちゃん久しぶりやん」

私をつくちゃんと呼ぶ数少ないうちの一人だ。

というわけで優花さんを交え、三人で飲み会が始まった。

平日の夜だが、まずまずの混み様だ。

隣のテーブルに大学生らしき三人組が着いた。既にかなりアルコールが入っているらしく、会話の音量が大きい。

サークルの誰それちゃんが可愛いだの、ゼミのあの子が良い身体してるだの、聞きたくもない話が耳に飛び込んでくる。

注文した料理が来たら、さっさと平らげて河岸を変えようと決まった途端、隣のテーブルが心霊の話を始めた。

「だから、居てへんもんは居てへんのや。存在せぇへん」

三人組の中でも、一番大声の男が怒鳴るように言う。

「けど、見える人には見えるって」

「その見える人に頼んだら見せてくれるっちゅうなら、話は別やけどな。ほんまにいるなら、もっとクッキリした動画とか出てもええんちゃうか」

どうやら、関西弁の男とそれ以外の二人で意見が異なるらしい。

関西男は次々に正論を振りかざして、他の二人を斬り捨てていく。

言っていることは正しいのだが、世の中は正しいことだけで成立しているわけではない。

ふと気付くと、瀬名さんがにんまりと微笑んで関西男を見つめていた。

「あ。瀬名ちゃん、もしかしたら」

「うん。あの関西男、何処かで憑けてきてるねぇ」

関西男が聞いたら突撃してくるだろうが、瀬名さんは視える人だ。それもかなりよく視える。

「あら、こちらの方も視えちゃう系？」

そうだった。優花さんもそっち方面の視力が抜群に良い人だ。

意気投合した二人が、仲良く視始めてしまった。

「女の人ですねぇ」

「そうね、まだ若いわ。十代じゃないかしら」

「セーラー服ですしね」

なかなか見事なものだ。私も少し質問をしたくなった。

「では髪型は？　せぇーの」

ポニーテール、と二人が声を揃えた。

私はメモを取り出し、二人が並べ立てる特徴を書き留めていった。

名前、大山孝子　推定年齢、十六歳　二本ラインのセーラー服、髪型はポニーテール、顔ははっきり見えない。

関西男が原因で自殺している。そのときからずっと憑いている。目的は不明だが、強い怨念を感じる。

「……こんなもんかな。どう？」

「いいんじゃないですかねぇ」

「そのメモ、どうするの」

「それは、ひ・み・つ」

「やーん、つくちゃん悪い顔してるぅ」

注文した料理全てを綺麗に平らげ、ジョッキを飲み干し、私達は店を出た。

出がけにマスターに声を掛け、メモを関西男に渡してもらうよう頼む。

メモの最後に「正論では斬れないもの、沢山ありますよ」と書き添えておいた。

# 一心同体

酒井さんは占いを生業としている。飲み屋街の空きスペースを借りて、小さな店を出している。

四柱推命と手相、人相を組み合わせた独自の方法だ。

いずれも個人のデータを元にした占術だが、酒井さんは更にもう一つのデータを加える。

その人に憑いている霊の種類だ。

酒井さんは、そういった類のものが視える人であった。

無論、それを口にすることはない。あくまでも、参考資料として扱うだけだ。憑いている霊を視れば、その人がどういう人生を送ってきたか推測できるのだという。

正しい行いを積んでいる人には、徳の高そうな霊が憑いている。

悪行に走ってしまう人には、見るからに危ない霊が憑いているし、些細なことでくよくよ悩む人には、線の細い霊が寄りかかっている。

霊のせいで性格が変わったのか、性格に霊が引きつけられるのか。性格を変えようと努力すれば、霊も変わるのか。

それが分かれれば、新興宗教の教祖にでもなれそうだが、そこまでいくつもりはない。時折、深い闇を抱え込んだ人が来る。教祖ともなれば、そういった人が数多く来るに決まっている。想像するだけでうんざりだ。

というわけで、その日も酒井さんは穏やかに客を待っていた。

幸い、夕刻から二時間余りで、何人も客が付いた。殆《ほとん》どが恋愛か仕事の悩みだ。どちらの悩みも答えとして欲しがるのは、励ましと安心と切っ掛けだ。

それに応じるような結果だけを教え、多少はキツめの意見も添える。そうすると、殆どの相手は納得して帰っていく。

今日のところはこれで終わりにしようと腰を浮かせた瞬間、男性が前に立った。

若い男性だ。二十五、六といったところか。

男性は終わり間際に来たことを詫び、酒井さんが世話になっている人の名前を出した。

その人から紹介してもらったという。

だとしたら、無碍《むげ》に断るわけにはいかない。酒井さんは男性に話の先を促した。

男性の名は西原、大学を卒業したばかりである。対人関係について占ってほしいという。

会社の同僚に気の合う女性がいる。思い切って交際を申し込みたいのだが、嫌な噂を聞いてしまった。

その女性は、金目当てで男を次々に取り替える女だというのだ。

どう考えても、そんなふうには見えない。本当にそうなら、何とかして僕が道を正してあげたい。まずは二人の相性を占ってほしいと西原は頭を下げた。

二人分の名前と生年月日を訊き、西原の相を調べる。憑いている霊を視ようとした途端、急激に寒くなった。季節は初夏、軽く汗ばむような気温のはずだ。

これはおかしい、何かあるのでは。酒井さんは、いつもより慎重に深い接触を試みた。

ああ、いるな。女だな。恐らく、その同僚の女性だ。こっちを睨みつけている。どうやってだか西原の身体に、自分の下半身を混ぜ合わせている。

こんな物凄い力を持つ生霊を視たのは初めてだ。こりゃヤバいな。関わらないほうが良さそうだ。

酒井さんは意識を緩めて離脱し、西原に占いの結果を告げた。

「相性は抜群ですね。一心同体になれるでしょう」

嘘は言ってない。

# チーム伊藤

白川さんは中学生になって間もない頃、見えるはずのないものが見えるようになった。原因には心当たりがない。ある朝、目覚めたらいきなりそうなっていた。

その力はかなり強く、全ての人が何かしらを背負っているのが分かった。

最初は自分がおかしくなったかと随分悩んだらしいが、単に見えるだけで何か求められたり、厄介事に巻き込まれるわけではないと分かってからは、かなり落ち着いたという。

見えるものが、恐ろしい外見ではなかったことも幸いした。殆どは、血縁関係と思われるものだ。

よく似た顔のものが、優しく見守っていればそうとしか考えられない。

もちろん、自分の背後にもいる。写真で見たことがあるお婆さんとお爺さんだ。

二人とも、白川さんが生まれてすぐに亡くなったと聞いている。

誰でも一人、多ければ二、三人が憑いていた。白川さんは、見えていない態を装うことを心掛けていた。

妙な噂を立てられ、イジメの対象にされるのを恐れたのである。しばらくして、守護霊というものがあることを知った。

白川さんは、自分が見えているものが、正しくその守護霊だと確信した。

だとすれば、幾ら見えたところで何もしてこないはずだ。

少なくとも、白川さんはそう信じていた。

その考えが甘かったことを知ったのは、中学二年の秋である。


その日の放課後、白川さんは帰宅途中に商店街に立ち寄った。大好きな漫画週刊誌を買うためである。

お気に入りのキャラクターが表紙になっていたため、にんまりと微笑みを浮かべ、雑誌を見つめながら歩き出した。

前方に人影を感じ、慌てて避けた。

「ごめんなさい」

相手は何も言わずに立ち止まっている。顔を上げようとして気付いた。

相手の足が地面に接していない。

焦った白川さんは、顔を伏せたまま足早に立ち去ろうとした。

できなかった。何処まで行っても、常に目の前に足が浮かんでいる。

逃げられない。何よりも恐ろしいのは、相手が単独で存在していることだ。

つまりこれは、守護霊ではない。

どうしようもなくなった白川さんは、恐る恐る顔を上げた。

意外なものが、そこに浮かんでいた。

自分と同じ制服を着た少女だ。恐ろしく鮮明に見える。

浮いてさえいなければ、実際の人物がそこにいると思えるほどだった。

しかも、その顔に見覚えがある。同じ学年で見かけたことがある子だ。

少女は無表情のまま白川さんを見ていたが、満足したのか急に顔を上げ、人の群れの中に消えていった。

かなり時間を掛け、白川さんは何度も振り返りながら遠回りして帰った。

憑いてきていないか、心配で堪らなかったという。

その夜、布団に入り、浮いていた少女のことを考えた。

単独で動いていたのは何故か。何をしていたのか。何処へ向かったのか。

考えれば考えるほど、不安になる。結局、まんじりともせず夜を明かし、白川さんはふらつく足取りで登校した。

いつもと変わらない眺めに、少し気持ちが落ち着く。昼を迎える頃には、少女を確認してやろうというぐらいにまで回復してきた。

相手の所在が分かっていれば、上手く避けられると考えたのである。

学年が一緒なのは分かるが、どのクラスかまでは知らない。一つ一つ、教室を覗いていく。

三つ目の教室に少女がいた。

孤立しているのか、教室の後ろの席に座り、窓の外を眺めている。

見つけた瞬間、白川さんは困惑した。

背後に何も憑いていないのだ。そんなはずはない。どんな人間でも、必ず一人は憑いている。それが当然の決まり事だ。

もしかしたら、この少女は既に死んでいるのでは。昨日のあれは、この少女自体の霊なのかも。

その推理はすぐに否定された。少女は、隣の子から普通に話しかけられ、返事もしている。生きているのは確かだ。

判断が付かないまま覗いているうちに、昼休みが終わりに近づいてきた。相変わらず少女は一人きりだ。

とにかく一旦、教室に戻ろうと踵《きびす》を返した途端、白川さんは前方から漂ってくる少女に気付いた。

今現在、教室で座っている少女と瓜二つだ。

少女は白川さんの真横を通り過ぎ、教室の中に入っていく。

そのまま、後ろの席に向かい、座っている少女の背後で止まった。まるで双子のようだ。

呆然と見つめる白川さんの背後から、もう一人の少女が漂っていった。

一人、また一人。合計で四人の少女が背後に憑いた。

全員が着ている服も顔も髪型も体型も同じだ。何か合図があったかのように、全員が一斉に白川さんを睨んだ。

白川さんは泣きそうになるのを堪えながら、自分の教室に戻った。

その日は最後まで俯《うつむ》いて過ごしたという。


卒業するまでに何度か、その少女を見かけた。伊藤という名前らしい。

三年生になってから、伊藤の背後にいる伊藤は更に増えた。

伊藤と同じクラスの子の背後にも、伊藤がいた。何人も何人も伊藤がいる。

伊藤のクラスは伊藤で溢れていた。

中学卒業と同時に、白川さんから能力が消えた。
最後に見たのは、洗面台の鏡に映った自分の背後である。
そこには白川さんのお婆さんとお爺さん、それと伊藤がいた。

# 三途の川にて

今年の初め、高杉さんは三途の川を見てきた。
所謂《いわゆる》臨死体験だ。健康診断を受ける度に、注意されていた心臓の病が原因である。
自分が死んだときのことは、よく覚えているという。

激しい胸の痛みが急に消えたと思ったときには、既に身体が宙に浮かんでいた。
ベッドに横たわる自分が見える。両親を残して死ぬなんて、親不孝の極みだな。
ベッドの自分に、そう話しかけたのだが、当然の如く反応はない。
次の瞬間、眩しい光に包まれ、何も見えなくなった。
次第に光が消えていき、白い道の上に立っている自分に気付いた。
辺りには何もない。遠くに川が見えた。自然と足がそちらに向かう。
美しい川だ。川幅はそれほど広くない。川底が見える。歩いて渡れる程の深さだ。
これが所謂三途の川か。冷静に観察する余裕があった。
ふと気付くと、向こう岸に人が立っている。

あれか、向こう岸に身内がいて、「まだこっちに来てはいけない」とか言うシーンか。

そんなことを言ってくれるとしたら、可愛がってくれた祖父や祖母だろう。

目を凝らして見る。どうやら違うようだ。見覚えのない中年男が立っているだけである。

自分が覚えていないだけで、親戚の誰かかもしれない。

とはいえ、どちら様ですか等と訊くのもおかしい。対応を迷ううち、向こう岸は二人になった。今度は若い女性だ。これもまた見覚えがない。

自分が覚えていないだけで、今までの人生の何処かで関わった人なのだろう。記憶を探っている間に、向こう岸は更に人が集まってきた。ざっくり数えて三十人以上いる。さすがにこれはない。こんなに沢山の知り合いは、あの世にいないはずだ。

最初からいた中年男が、勢いよく右手を挙げた。その勢いのまま、激しく高杉さんを手招き始めた。

「こっちに来なさいっ！」

いや、追い返すんじゃないんかい。高杉さんは、思わずツッコんでしまった。

次の瞬間、全員が口々に叫び始めた。

「早く来い」

「そっちにいても無駄。楽しいぞ、こっちは」

「あんたはもう十分に生きた。よく頑張った」

叫ぶだけでは足りなくなってきたのか、何人かは川に入っている。

最初の中年男の指揮で、早く来いの大合唱が始まった。

聞いているうち、高杉さんは何だかとても腹が立ってきた。

何であんなに言われなきゃならんのだ。くそ、意地でも渡ってやるものか。

高杉さんは、川に背を向けて歩き出した。

しばらく歩いているうちに、来たときと同じ眩しい光が辺りを包む。

気付いたときには、病室のベッドの上だったという。


せっかく日常生活に復帰した高杉さんだが、最近になって自殺を考えるときがあるそうだ。

何げない瞬間に、早く来いの大合唱が聞こえてくるらしい。

今までの人生で、あれほど熱心に勧誘されたことはない。思い返すと、全員が親身になって招いてくれていた。

今みたいに会社で罵られ、家で馬鹿にされるより、よほど大切にしてくれるのでは。

高杉さんは、死の誘惑に耐える毎日を過ごしている。

正直、今にも負けそうだという。

# 腐り米

今井さんが職場のバイト仲間を自宅に集め、飲み会を開いているときのこと。
酒が進むうち、いつの間にか怖い話が始まった。
ひそひそと声を潜める奴もいれば、身振り手振りを交えて大袈裟に話す奴もいる。
次の話し手に指名され、秋山という男がやれやれといった態で立ち上がった。
「瑕疵《かし》物件……とはいえないいんですけどね、そういった部屋の話」
秋山は何だか微妙な表情で、曖昧なことを言った。
大学を卒業後、見つけた部屋の話だという。怖がらせようという態度ではない。
どちらかというと、うんざりした様子である。それが返って、皆の関心を呼んだ。

その部屋があるのは、関西のとある都市。
在学中に演劇に取り憑かれた秋山は、卒業後も役者の道を目指そうと決めていた。
稽古や舞台優先だとできるアルバイトは限られてくる。その割に、演劇は金が掛かる。
当然ながら、極貧の生活を強いられていた。

友人の部屋に居候していたのだが、その友人が田舎に帰ることになり、部屋を探さねばならなくなった。

稽古場に近い範囲で、とにかく一円でも安い部屋を探す。瑕疵物件でも何でもいい。貧乏より怖いものはないし、心霊体験も芸の肥やしになるかもしれない。

その熱意が天に通じたのか、意外にあっさりと希望通りの部屋が見つかった。築年数二桁、安普請のハイツだが、リフォーム済みで日当たりも風通しも良い。2DKで一室は畳の部屋だ。台所も風呂も新品同様、それでいて家賃が世間一般の半分だ。

何かしら事情があるのは間違いないのだが、不動産屋は瑕疵物件ではないと言い張る。何なら試しに一晩泊まってみられては、とまで言われた。

秋山は面白半分に泊まることにした。どうなるか分からないが、とりあえずその日の宿になる。

ありがたいことに、不動産屋の担当者がコンビニのホットドッグと缶コーヒーをプレゼントしてくれた。

昼間食べようと思って忘れていたらしい。電気も水道も通じないし、寝具もないからせめてもの気持ちだという。

ありがたく頂戴し、秋山はその部屋で夜を迎えた。夜が浅いうちは、街で過ごせばいい。劇団の稽古場で練習し、帰りがけに銭湯で汗を流してから部屋に戻った。

窓から少し離れた場所に駐車場があり、夜間は外灯を点けっぱなしのようだ。おかげで、室内で過ごすのに支障がない程度に明るい。

大通りから近いはずだが、車はそれほど通らない。ハイツの周りも人通りは少なく、快適な暮らしが営めそうだ。

寝場所は畳の部屋にした。雑魚寝は慣れている。携帯プレーヤーで音楽を聴きながら目を閉じる。

いつの間にか眠っていた。

翌朝、秋山は爽やかに目覚めた。

結局、何も起こらないままだ。残しておいたホットドッグを味わいながら、秋山は既にこの部屋の主の気持ちになっていた。

部屋を出て早速、不動産屋に向かおうとした秋山は、同じハイツの居住者らしき老婆に呼び止められた。

老婆の部屋は秋山の真上らしい。

「あんた、あの部屋を借りるのかい」

何か悲しいことでもあったのか、泣き出しそうな顔だ。

どうしたんですかと声を掛けようとして秋山は気付いた。役者の感覚が教えてくれたと言ってもいい。

これは、悲しむ顔ではない。他人を憐れむ顔だ。あの部屋を借りようとする者への憐れみだ。

「そのつもりですが。あの、お婆さんは何か御存知ですか。良ければ教えてくれませんか」

老婆はしばらく俯いていたが、意を決したかのように顔を上げた。

「あの部屋、あたしなら借りないね。御飯が好きだから」

部屋を借りるのに、御飯の好き嫌いが関係するのだろうか。

「あんた、昨日は御飯食べてないだろ」

「え？　あ、はい、ホットドッグとコーヒーで済ませましたけど」

「だろうね。ちょっと待ってな」

一旦、部屋に帰った老婆は、待つ間もなく帰ってきた。右手に何か握りしめている。

「これ、握りしめて、もう一度あの部屋に入ってごらん。五分程待ってから手を開けな」

老婆から渡されたのは米粒であった。米櫃《こめびつ》から出してきたばかりらしい。

何がどうなるというのだろうか。ここまで来たら、最後まで見届けたい。

その気持ちも一緒に握りしめて、今しがた出たばかりの部屋に戻った。

がらんとした部屋で、老婆に言われた通りにする。五分待つまでもなく、異常が現れた。

右手から何か臭ってくる。恐る恐る開けると、米粒が腐っていた。

握ったときは、何の異常もない乾いた米粒だった。

細菌などの微生物やカビによって有機物が分解され、変質するのが腐るということだ。

そのためには、繁殖できる温度と水分が必要になる。だから、乾燥しきった生の米粒が腐るはずがない。

だが、どう見ても手の中の米粒は変色し、糸を引くぐらい粘っている。臭いも酷い。

それ以上持っていられなくなり、秋山は慌てて部屋を飛び出し、地面に米を投げ捨てた。

腐敗臭がこびりつく掌を嗅いでいると、老婆が近づいて言った。

「な、分かっただろ。あの部屋に住むと、米が食えなくなるんだよ」

俄かには信じられないが、実際に米は腐ってしまった。

老婆は、そうなってしまう理由も話してくれた。

もう何年も前、このハイツがまだ新築だった頃。

あの部屋に一人の男が引っ越してきたんだよ。

そのときは分からなかったけど、男には盗み癖があった。

そのせいで、まともな仕事に就けず、泥棒で生計を立てていたらしいよ。

男の隣の部屋には、あたしぐらいの婆さんが住んでた。あたしと同じく独居老人って奴だね。

あたしより、もっと貧乏でね。僅かばかりの年金から部屋代を払って、病院と薬のお金を別にしたら、後は本当に小銭程度しか残らない。

あの男は、そんな食うや食わずの婆さんの部屋に忍び込んで、米を盗んだんだよ。

よほどショックだったんだろうね、何も死ぬことはないんだけど、その日のうちに自殺しちまったんだよ。

そのときはまだ、男が盗んだってのが分からなかったんだけど、三日ほど経ってから、男が大声で騒ぎ出してね。

何だこれは、米が腐る、腐っていく！　って叫びながら飛び出していって。

そのまま警察に自首したらしいよ。

後からあの部屋を警察が捜索しに来たんだけど、米粒が全部腐ってたんだとさ。

婆さんが自殺した部屋はともかく、あの部屋は何も起こってないからね、ちょいと掃除して、またすぐに貸し出したのさ。

ところが、何人か入ってくるんだけど、すぐに引っ越してしまう。

米が腐るような部屋には住めないって言ってね。

ビックリすることに、弁当とかお握りとかも、あっという間に腐るんだよ。

あそこに住んでる間は、外で御飯食べようとしても駄目。

コンビニのお握りなんて触れないの。自殺した婆さん、米を盗まれたのが、よっぽど悔しかったんだろうねぇ。

そういうことが続いちゃったんで、段々と家賃が下がっていったわけ。

幾ら家賃が安くても、米の飯が食えないんじゃあねぇ。


老婆は話し終えて、自分の部屋に帰っていった。

秋山は、その姿を見送りながら、手を洗わせてもらえば良かったなと思っていたそうだ。


「……という話。瑕疵物件じゃないけど、困った部屋ですよ」

感心する皆の前で、秋山は事もなげに言葉を続けた。

「ま、今でも僕、そこに住んでるんですけどね。家賃安いし」

米の飯が食えなくても、特に困らないからというのが理由だという。

皆が驚く中、今井さんが試しにお握りを差し出した。コンビニで購入した昼飯の残りだ。うんざりした顔で秋山が掌に載せると、お握りはフィルムに包まれたまま、あっという間に腐った。

# 夢日記

佐野さんの趣味は小説である。

数年前から、読むだけではなく、書くほうも始めていた。

好きな分野はショートショート。とあるサイトに投稿し、高評価を得たのが自信に繋がったのだという。

興味を引く出だし、意外な展開、切れ味の良いオチを考えるのが楽しくてならない。

着想を得る場所は、通勤途上の電車の中や、散歩中の道の上などが多い。そのため、メモ帳とボールペンは常に携帯している。

スマートフォンのメモ、或いは直で音声を録音したときもあったのだが、実のところ、あまり上手くいかなかったのである。

スマートフォンを立ち上げ、メモアプリを出し、入力する。これだけで三つの動作が必要になる。

録音する場合はもう少し簡単だが、人前で声を出せないときもある。

脳内で浮かんだことを言葉にするためには、ワンクッション挟んでしまう。

そうこうしている間に、要点がぼやけてしまう。出た言葉が着想とかけ離れることも多い。

その点、手書きは違う。ポケットからメモとボールペンを出すだけですぐに書ける。言葉の書き足しが容易で、次から次へと枝が増えていく。そうすることで、着想を広げやすい。

何よりも最大の利点は、勤務中でも仕事をしているように見えることだ。

すっかり、メモ帳愛好家になった佐野さんは、眠るときにも枕元に置くようになった。メモ帳とボールペンがあれば、面白い夢を書き残しておけると考えたからだ。

何度か失敗を繰り返すうち、コツが掴めてきた。

夢を元にしたショートショートも書けるようになってきた。


そんなある日のこと。

目覚めた佐野さんは、メモ帳に何か書いてあるのに気付いた。自分では夢を見た覚えがない。

無意識のうちに書いたのなら、内容に期待できるのでは。

早速、読もうとした佐野さんは、思わず笑ってしまった。何を書いているのか、さっぱり分からないのだ。

文章どころか、文字にすらなっていない。寝ぼけていたとしか思えない落書きだ。

それでも何かしら突破口がないものかと、じっくり眺めてみる。

そのうち、妙なことに気付いた。寝ぼけて書いたとしたら、もっとこうミミズが這ったような字になるのではないか。

だが、メモ帳の文字は、かなり丁寧に書かれている。日本語ではないのだが、直線も曲線も美しく、とめ・はね・はらいも完璧だ。

どうかすると、佐野さんが普段書く文字よりも綺麗だと言えた。

読めないほうが不思議に思えるぐらい、規則性を持ったものだった。

一旦、それに気付いてしまうと、何か意味があるように見えてくる。違和感を残したまま、佐野さんは身支度を始めた。

電車の中でも、会社に到着しても、ついついメモ帳を見返してしまう。

午後になって、漸《ようや》く仕事に集中できるようになった。


翌日。

目覚めた佐野さんは、またしてもメモ帳にあの文字を見つけた。

前回と同じく、夢を見た覚えがない。まずはそれが気になった。

ネットでは、夢日記は注意が必要だと書いてあった。

己の中のトラウマや、負の感情と向き合うことになるらしい。それが続くと、精神的に病んでしまうと書かれてあった。

それが本当なら、この文字はどういった感情なのだろう。トラウマや負の感情にしては、あまりにも姿形が美しい。

見れば見るほど惹きこまれる。考えれば考えるほど分からなくなる。

しばらくの間、枕元にメモ帳を置くのは止めよう。その程度しかできないが、何よりの解決策だ。

佐野さんは気分を変えて、朝の支度を終えた。一日中、仕事に集中し、後輩と少し飲んでから帰宅。

メモ帳を鞄に入れてから布団に潜り込んだ。

酒の力は大したもので、あっという間に寝てしまったという。

翌朝、スッキリと目覚めた佐野さんは、眠い目を擦りながら上半身を起こした。

「は？　何で？」

思わず声が出た。鞄に片付けたはずのメモ帳が、枕元にある。

しかも、あの文字が書かれてある。

前の二回と寸分違わぬ内容だ。何かしらの意味があるとしか思えなくなってきた。

もう一度、じっくりと眺める。やはり、規則性がある。

佐野さんは、試しに文字を真似して書いてみた。

その瞬間、何故だか故郷の祖父が頭に浮かんだ。

祖父は、何処か知らない白いベッドの上で吐血していた。たちどころにシーツが血に染まっていく。

殆ど、白昼夢に近い状態である。驚いて固まってしまった佐野さんを我に返したのは、スマートフォンの着信音だった。

母からである。祖父の死を知らせる電話だった。

その日以来、メモ帳の不思議な文字は書き込まれなくなった。

どういった存在が、何のために知らせようとしたのかは不明だが、とにかく意味はあったわけだ。

もやもやするが、納得するしかない。佐野さんは夢日記を再開した。

つい先日。
メモ帳にまたあの文字が記されていた。
前回とは少し違っている。三分の二までは同じだが、先頭の文字が違う。
恐らくその部分は、人の名前だろうと佐野さんは推測している。
また、誰かの死を知らせる文章なのだろうが、そのときが来るまで分からない。

# 芸術点

相沢さんが高校生の頃の話。

当時、相沢さん一家はマンションで暮らしていた。十階から見える景色が好きで、音楽を聴きながらぼんやりと窓辺に座っていたという。

斜め前に同じ高さのマンションがあったが、視界を遮る位置ではなかった。

ある日の夕方、いつもと同じように景色を眺めていた相沢さんは、とんでもないものを見つけた。

屋上に立つ男性である。何故か、下着一枚だけの姿だ。引き締まった上半身に夕陽を浴びながら、男性は屋上の縁を歩き始めた。

時々、下を覗き込みながらうろうろと歩き回っている。

呆気に取られて見守っていた相沢さんは、ふと気が付いた。あの人、もしかしたら飛び降りるつもりかもしれない。

どうしよう。窓を開けて声を掛けても、止められるとは限らないし。

誰かを呼ぶか、いや警察に通報するべきか。

迷っている間に、男性はぴたりと止まった。場所を決めたようである。

すっと背筋を伸ばし、両腕をまっすぐ上げ、その場で二、三度軽く跳ねてから宙に飛び出した。

男性は、まるで高飛び込みのように、くるくると美しく回転し、再びまっすぐに伸びた後、地面に叩きつけられた。

硬い物を打ち付け合う音が響き渡り、派手に血しぶきが飛んだ。

ところがそれほどの出来事なのに、誰も集まってこない。男性も血しぶきも、すーっと薄くなって消えてしまったという。

全てを目撃した相沢さんは、そのときこう思ったそうだ。

芸術点は最高だけど、しぶきが飛び散ったから技術点はイマイチ。

# サイレン

某月某日。

小倉さんは、御近所さんと立ち話に興じていた。今年の夏祭りから始まり、次の避難訓練、商店街の先行きなどネタには事欠かない。

その日の最後は、とある家に関する話題だった。

「知っとるか。あの家売れたらしいで。昨日からリフォームの業者が入っとる」

「え。大丈夫か。あそこは手ぇ出したらあかんやろ」

「だわな。良くて廃人、下手したら人死にが出よるぞ」

「その業者が心配よね」

話題に上っている家は、見ただけで廃屋と分かる六十坪程の家だ。

小倉さん達の物騒な会話が似合うような外見ではない。何処にでもある木造二階建ての家だ。

八年前、中年夫婦が建てた家だが、あることを切っ掛けに空き家になった。その後、住む人もなく、無人のまま放置されてきた。

当時からずっと、小倉さんは朝の散歩を日課にしている。

その朝、この家の前に何台もの救急車やパトカーが停まっているのが見えた。

家の中から異様な叫び声が聞こえてくる。人の声とは思えないほど長く続いている。息継ぎをしていないように思えた。

ずっと見ていたい気持ちはあったが、ここにいては不味いのではという不安が勝った。

急ぎ足で前を通り過ぎ、帰宅して初めて小倉さんは自分が震えているのに気付いた。

サイレンのような叫び声は、今でも思い出せるという。

ニュースになってもおかしくないぐらいの出来事だが、外部には何一つ漏れずに終わった。

しかしながら、詳細は分からずとも噂は伝わっていく。

あの土地には昔からお稲荷様が住んでおり、それを蔑《ないがし》ろにして家を建てたために祟られたと世間では言われている。

新築同然の家は売りに出されたが、買おうという者は現れなかった。

何度か管理会社も変わり、今現在は隣町の不動産屋が担当している。

会社が変わる度に噂の濃度は薄まり、今では事件があったことを知る者は町内の一部の人間だけとなっていた。

その一部の人間の中心人物が小倉さんだ。隣町の不動産屋の社長と小倉さんが長年の飲み友達だったおかげで、空き家になった原因を知っていたからである。

あの日、中年夫婦の夫の実家に連絡が入った。

今までお世話になりました、御迷惑をお掛けしますがよろしくお願いしますとだけ言って電話が切れた。

心配になった母親が通報し、警官が駆け付けたときには既に事態は終わっていた。

夫婦と子供二人全員が首を吊っていたという。死後、何日も経過していたため、かなり悲惨な状況だったらしい。

以上が、あの日に起こった全てとのことだ。

最初、この話を聞いた小倉さんは、率直に疑問をぶつけた。

死後何日も経過していたなら、夫が電話を掛けてきたのはおかしいではないか。

だが、この疑問は想定内だったのだろう。不動産屋の社長はあっさりと答えた。

「警官が現場に到着したら、夫の弟が来てたらしいよ。そいつが電話したんじゃないかって話」

「いや、それだと電話の内容がおかしいだろ」

「知らんよ。こっちは穏やかに収まって、早いところあれが売れてくれたら何でもいい」

そういう思惑があり、代々の管理会社がお稲荷様の祟りという噂を流したのだろう。

だとしても、聞こえていた異様な叫び声は何だったのか。

それも夫の弟がやっていた可能性もあるが、あのような声を人が出せるのだろうか。

いずれにせよ、これ以上は探りようがない。もしかしたら、深入りは不味いのかもしれない。

やはり、お稲荷様の祟りとしておいたほうがいい。

小倉さんは御近所さんと情報を共有し、自分達の安全と、何よりも興味本位で家を監視していたのである。

その家が売れた。

さて、どうなるのか。小倉さんはまず、不動産屋の社長と飲む約束を取り付けた。


いつもの居酒屋に現れた社長は、飲む前から上機嫌だった。

小倉さんが切り出す前に、あの家の話を始めた。

購入したのは上場企業の部長、結婚する息子へのお祝いだという。

そんな大切なものが、あの家で良いのかと危惧する小倉さんに、社長は事もなげに言った。

「最初の事件以来、何もないだろ。心霊スポットになるわけでもなし、あんたら近所の人間がおかしなもの見たわけでもない。第一、何かあるんなら今入ってる工事業者が事故るだろ。一応、現場の責任者だけには教えてあるが、おかしな所は全くないってさ」

風通しも日当たりも良く、気持ちの良い家らしい。天井裏や床下まで含めて手直ししているが、妙な物は一切見つかっていないそうだ。

結局、社長が言う通り、工事は無事に完了した。

引っ越してきたのは仲本という夫婦である。笑顔の爽やかな夫と、近所付き合いの良い朗らかな妻だ。

小倉さん達の好奇心を良い意味で裏切り、仲本夫婦は穏やかな暮らしを続けていった。

一年程経った頃には待望の長男が生まれ、小倉さん達も自分の孫のように可愛がった。

何事もなく月日は過ぎ去り、翌年には長女も授かり、仲本家は町内の癒しとも言うべき存在となった。

更に二年経ったある朝のこと。

散歩中の小倉さんは、仲本家の前で足を止めた。

忘れようとしても忘れられない、あのサイレンのような叫び声が聞こえたのだ。

気のせいで済ませるのは不可能なほど、明瞭に聞こえてくる。仲本家の中で誰かが叫んでいるのは間違いない。

どうしよう、どうすればいい。

迷いに迷う小倉さんの周りに、いつもの井戸端会議の面々が集まってきた。

「あれ、聞いたことがあるのよ。あの日も聞こえてたわよね」

「そう。そうやねん。僕も聞いた」

「なぁ、これって不味いわな。どないする」

右往左往しているうち、通りにパトカーが入ってきた。到着した警官達がドアを叩く。何度も呼びかけたが、家の中では動きがない。

いつの間にか叫び声も止まっている。

ドアは施錠されていないようで、警官達が次々に突入していった。

そのうちの一人が緊迫した顔つきで飛び出してきて、パトカーに向かう。

無線で連絡を取り始めた。ほどなくして救急車が何台も到着し、救急隊員も家の中に入っていった。

十数分後、仲本家の家族が次々に搬出されてきた。

救急車に乗せる瞬間、チラリと長女の顔が見えた。苦しんだ様子はなく、完璧な無表情だったという。

それからどうなったか、小倉さん達には知る術がなかったが、例によって不動産屋の社長が密かに教えてくれた。

仲本家は家族全員、首を吊って自殺していたという。

「いや、おかしいって。下の子は二歳や。どうやって自殺すんねん」

「そこまでは知らんがな。わしも関係者とはいえ、詳しくは教えてくれん。これかて知り合いの刑事から聞いただけや」

あの家は、何年か寝かせた後にまた売りに出されるだろうとのことだった。

「ただ、わしはもう手を引く。あれはあかん。何がどうかは分からんが、あれはあかん家や」

そう言って、社長は力なく肩を落とした。

結局、あのサイレンのような叫び声が何だったのかは未だに分からないままである。

# 樹木葬

去年の秋。槙野さんの父親が闘病の末に漸《ようや》く死んだ。

ギャンブルと女遊びに狂った挙げ句、母親を過労死寸前まで追い込んだ男である。

そのくせ、あっけらかんと家に居座り、惰眠《だみん》を貪《むさぼ》り、母の着物を売り飛ばして、自分の趣味である盆栽を買う。

絵に描いたような屑男、屑男選手権で王者を獲れそうな愚者だった。

当然だが誰一人、悲しむ者はいなかった。槙野さんの姉が涙をこぼしたが、後で訊くとそれは嬉し涙であった。

長年に亘り、家族を苦しめた男を二度と見なくて済むわけだから、無理もない話である。

槙野さんは勤務中に訃報を受け取り、思わず小さくガッツポーズをしてしまった。

葬儀は、最近流行りの家族葬でも構わなかったのだが、少しだけ高いレベルのものにした。

本当なら、葬儀すらやりたくないし、墓にも入れたくないのだが、近所の目がある。

もちろん、近所の人達も常日頃の言動を知っている。その上で敢えて丁寧な葬儀を行うことで、自分達の素晴らしい人間性を知らしめようという算段だ。

涙の内容はともかく、悲しみに打ちひしがれる家族はアピールできた。

その夜は家族だけで焼き肉屋に行き、カラオケで発散して帰宅。

居間の灯りを点けると、ソファーに父親が座っていた。

恐怖心よりも嫌悪感が勝り、全員が一斉に怒りの声を上げた。

「出てくんじゃねぇよ糞親父」

「高い葬式出してあげたんだから、さっさと成仏しなさいよ」

「あなた、いい加減にしてちょうだい」

父親はさらりと聞き流し、サイドテーブルの引き出しを指さして消えた。

槙野さんが確認すると、茶封筒が入っていた。汚い字で、遺言と書いてある。

取り出した便箋には、詫びの言葉や、遺産分配などは一切書かれていなかった。

ただ一行だけ、俺が死んだら墓には入れず、樹木葬にすること、とある。

再び全員が怒りの声を上げた。

墓に入れてやるだけでも十分過ぎるのに、樹木葬とは何事か。幾ら掛かると思ってるのか。

当然、無視である。遺言状は封筒ごと燃やした。

その夜からずっと、父親が出てくるようになった。

生前とは違い、暴力や恫喝ができないことが分かったらしく、恨めしげに立つだけだ。

肉体的な影響はないのだが、全員が精神的に参ってきた。

これからは見なくていいと思っていた相手が、場所と時間を問わずに立っているのだ。どうにかならないほうがおかしい。

不幸中の幸いで、家からは出られないようだ。時間と場所を示し合わせ、家族が集まった。

あれはしつこいから、願いが叶うまで成仏しないだろう。

かといって、その願いを叶えてやれるだけの金がない。

「だったら、適当な山の中とか、公園の木の下に埋めてくれれば」

「できない。それ、遺体遺棄罪になるかもしれん」

散々話し合った末に、父親を樹木葬にしてあげることになった。

翌日、槙野さんは早朝から墓地に出向いた。

墓石の下、納骨室と呼ばれる空洞から骨壺を取り出す。納骨したばかりなので分かりやすい。関西式の納骨室なので、香炉を動かすだけで開けられる。

墓を元通りにし、取り出したお骨をゴミ袋に入れる。そのまま持ち歩くわけにはいかないからだ。

帰宅した槙野さんは、骨壺を持って庭に出た。

小さい庭だから植木などはない。その代わり、父親自慢の盆栽がやたらと置いてある。

中でも枝ぶりの良い盆栽を選び、慎重に木を引き抜いた。

本来の植え替えだと、芯になる根っこ以外の土は払い落し、新たな鉢に置いた後で針金を使って固定するらしい。

が、別に枯れようがどうなろうが知ったことではない。

適当に大きめな鉢を選び、骨壺の中身を敷き詰めてから木を戻し、土を盛った。以上、終わり。

折角だからと植え替えた盆栽に水をやりながら、槙野さんはふと思ったことを口にした。

「ここにある盆栽全部売ったら、樹木葬の費用ぐらい出そうだな」

さて、これでどうなるか。駄目だったら盆栽全部売り飛ばすだけだ。

覚悟してその夜を待った。

驚いたことに、父親はぴたりと出なくなった。

あれだけ適当な植え替えをしたのに、その盆栽は美しい枝ぶりになった。

恐らくだが、骨を敷き詰めた結果、水はけが良くなったのだと思われる。

その盆栽は、家族から『バカ盆栽』と名付けられ、庭の片隅に放置されている。

特に何も手入れしていないのだが、頑張って枯れずにいるそうだ。

# 常に動くもの

内山さんの隣は、長い間空き家のままだ。かれこれ十年になる。

以前、暮らしていたのは中年夫婦と子供二人の四人家族。

仲の良い家族だったのを覚えている。父親の急死を切っ掛けに、母親の癌、長男の脳溢血、長女の失明など不幸が立て続けに襲ってきた。

父親の急死から家を手放すまでに、一カ月も掛からなかった。

不幸な出来事が連続したが、瑕疵物件とまでは言い切れない。その後、貸家の看板が掲示され、何組か入居したこともある。

が、長くて半年、早ければ二週間程度で引っ越していった。入居期間に差はあるものの、不幸の引き金が家族の急死という点は一致している。

死因までは伝わっていないが、急死した人全員が直前まで元気そのものだったのは確かだ。

さすがにここまでのことが起こってしまうと、借り手は現れなくなる。管理している会社も、半ば諦めてしまったのだろう。

庭は荒れ、貸家の看板が外れても放置されたままだ。

今のところ、近隣に直接的な被害はない。だが、色々と面倒なことが起こる可能性も否めない。心霊スポットとして噂が広まれば、無軌道な若者達が押し寄せてくるだろう。煙草のポイ捨てでもされたら、たちまち火事になる。不審者が住みつくかもしれない。質の悪い地上げ屋に狙われることもないとは言えない。

それやこれやで、内山さんは不安に駆られる毎日を送っていた。

二十四時間見張っているのが理想だが、現実問題として不可能だ。防犯カメラは費用が馬鹿にならない。というか、こちらが設置するのは納得いかない。

とりあえず、おかしな連中が出入りしないか、暇さえあれば目をやるように心掛けた。

幸い、台所の窓から隣家の居間が見える。カーテンが取り外されているから、室内が丸見えだ。

見る時間は定まっていない。当然と言えば当然だが、何も起こらない。ただ、何度か黒猫を見かけることがあった。

正しくは黒猫らしきものだ。はっきりそうだとは断言できない。室内を横切る黒いものを見かけるだけだからだ。

大きさや動き方から黒猫だろうと判断しただけである。

何度目かのとき、内山さんはふと思った。

あれは本当に黒猫だろうか。よくは知らないが、猫はあんなにも速く動き続けるものだろうか。日当たりの良い場所で寝そべったりするのでは。

一旦気になると、そればかり考えてしまうようになった。当初の目的は何処へやら、内山さんは専《もっぱ》ら黒いものの観察に時間を費やすようになった。

そのおかげで分かったことがある。

こいつは絶対、猫などではない。猫は壁から壁へ飛んだりしないし、空中に留まったりもしない。

猫じゃないどころか、生物ではないのかもしれない。あの家に住む家族が不幸になる原因は、これじゃないだろうか。

証拠や根拠は一つとしてなく、妄想としか言えないが、そうとしか考えられない。

眠れないほど気になった内山さんは、思い切って隣家の敷地内への侵入を試みた。とにかく正体を見極めたいという一心からの行為である。

間を塞ぐ塀は、肩ぐらいの高さしかない。脚立を使い、楽々乗り越える。人目に付かないよう、慎重に歩を進め、いつも見ている居間まで辿り着いた。

大きなサッシの窓から、室内が覗ける。用意してきたデジタルカメラを構え、黒いものを待つ。出現する率が高い時間を選んだつもりだが、駄目だったら撮れるまで何度でも出直すつもりだ。

十五分程待っただろうか、黒いものが唐突に現れた。いつものように高速で動き回る。

内山さんは連写モードにしたカメラを構え、ここぞとばかりに撮りまくった。

さすがにここまでやれば、何らかの形は掴めるはず。そう信じ、撮影した画像を再生した。

数え切れないほどの失敗の末、辛うじて二枚だけが僅かに形を捉えていた。

やはり、猫ではない。猫は真っ赤な唇で笑ったりしない。人間の目と唇が付いた黒い塊、それが黒いものの正体だった。

形が分かったものの、これが何なのかは見当も付かない。これ以上、関心を持たないほうが良いと判断し、内山さんは隣家を無視することに決めた。

最近、内山さんは気になる噂を聞いた。隣家が解体されるというのだ。とにかく更地にしたいらしい。

そうすると、黒いものはどうなるのだろうか。あの家にどのような力があったのかは不明だが、あれほど動き回っても出られなかったのは確かだ。

その囲いがなくなってしまったら、あれはどうするだろう。新しい建物を待つとは思えない。

もし万が一、外を飛び回っていたら、自宅に入ってくるのを防げるだろうか。

内山さんはまた不安に駆られる毎日を送っている。

# 猫派の刈谷君

刈谷君は自他ともに認める愛猫家だ。

最初に猫を飼ったのは、七歳の春。自宅に迷い込んできた野良猫だった。

真っ白な猫だったので、ミルクと名付けて可愛がったという。ミルクは刈谷君とともに十年の時を過ごし、愛用の座布団の上で亡くなった。

悲しみのあまり、塞ぎ込んでいた刈谷君が歩き出した切っ掛けは、ミルクの夢だったという。

暗いトンネルをとぼとぼ歩いていると、急に足元が明るくなった。そこには、白く輝くミルクがいた。ミルクは、私についてこいとでも言うように先に立って歩き出す。前方に光が溢れる出口が見えてきたところで、目が覚めた。

この夢のおかげで、刈谷君は立ち直ることができた。半月後には、新しい猫を飼おうという気になれた。

また悲しい思いをするかもしれないが、生きている間に沢山の愛情で包めばいい。それが、ペットを飼うということだ。

その信条を掲げ、刈谷君は積極的に猫と関わることに決めたのだという。

幸いと言っては何だが、祖母の家の周りは捨て猫が多く、いつ行っても連れて帰れた。

「そうするとね、猫も応えてくれるんだ。凄く不思議なことが起こったんだよ」

刈谷君の話を聞いているのは、西野君。ペット禁止のマンションに住む西野君が、猫成分を補充するのはペットショップだ。

見かけたら、必ず立ち寄る。たまたま入った店で話が弾み、刈谷君の家を訪ねたというわけだ。

刈谷君の家には、艶やかな毛並みを誇る黒猫がいた。黒猫なのに、名前はミルクだ。

聞けば、黒猫だろうが三毛猫だろうが、全てミルクという名前にするらしい。その理由こそが、刈谷君の言う不思議なことであった。

ミルクの次に飼った猫は、茶色のキジトラだった。名前を決めかねた刈谷君は妙案を思いついた。

猫自身に決めさせようというのだ。名前を書いた紙を何枚か用意し、猫が選ぶのを待つ。根気よく待つつもりが、あっという間に決まった。

猫は、一直線にミルクと書かれた紙に向かった。位置を変えて何度やっても、ミルクを選ぶ。

不思議な出来事はそれだけではなかった。二代目のミルクが、初代のミルクと同じ行動を取るようになったのだ。

初代が愛用していた座布団に眠り、同じ場所で日向ぼっこを楽しみ、刈谷君の右脇で丸まる。

「うん、言いたいことは分かるよ。行動範囲が決まっていたら、やることも似てくるんじゃないかって思ってるでしょ」

でも違うんだよな。したり顔でそう呟き、刈谷君はアルバムを持ってきた。表紙に永遠のミルク日記と書いてある。

「これ見てくれたら分かるよ」

そのアルバムは、代々のミルクを比較しやすいようにまとめたものだという。

「ほらこれ。全員が同じ格好で寝てるだろ」

先ほどから話に出てくる座布団で眠る写真が、ずらりと並んでいる。確かに言われた通りだ。まるでコピーでもしたかのように、全ての猫が寸分違わぬ姿勢で眠っている。一、二匹なら偶然そうなったと言えるだろうが、これほど多くの猫が同じ姿勢で眠るのは、何かの意識を感じる。

それ以外にも、コピー同然の写真が大量にあった。その中には、猫達がミルクという名前を選ぶ瞬間を捉えた写真もあった。

そのときの動画も見せてもらった。確かに、ミルクと書かれた紙を真っ先に選んでいる。紙の位置を変えても、結果は同じだった。

「だからね、僕、猫を飼う度に実験してるんだ。何度やっても、ミルクは生まれ変わってきてくれるんだよ」

刈谷君がそう言った瞬間、部屋のあちこちで猫が鳴き始めた。刈谷君には聞こえていないようだが、間違いなく鳴いている。

何かのトリックや思い込みだと笑うのは容易《たやす》いが、西野君は敢えて刈谷君の話を信じた。そのほうが猫好きとしては嬉しかったからだ。

今現在のミルクを思う存分可愛がり、西野君は帰宅した。

夕飯時、今日あったことを話している最中のことだ。母親が険しい顔で口を挟んできた。

「ねぇ。代々のミルクの写真って言ったけど、何匹ぐらいいたの？」

「え？　ええと、一ページに九枚貼ったのが六ページだから、全部で五十四匹かな」

「その刈谷君って、何歳ぐらいの人」

「確か、俺より一つ下」

「だったら、七歳から十七歳までの十年間で、五十四匹の猫が死んでるってことよ」

母親の言葉を理解するのに、しばらく時間が掛かった。

それ以降も、刈谷君から連絡が入ってきたが、西野君は全て無視した。

最後の連絡には、昨日来たばかりの新しいミルクですというタイトルの動画が添付されてあった。

恐る恐る再生してみる。

白黒の子猫を抱いた刈谷君が、これから実験開始ですと嬉しそうに言っている。

子猫は怯えきって、刈谷君の胸にしがみついている。

刈谷君は、子猫を無理矢理引き剥がして床に置いた。撮影しながら離れていき、いきなり怒鳴った。

「さぁっ！　どれにする！　早く来い！」

当然、子猫は動こうとしない。代わりにカメラが近づいていく。画面内に刈谷君の手が入ってきた。

刈谷君は、子猫の首を握りながら声を荒らげた。

「動け動け動けっ！　お前はミルクだろ？　そうだな、そうに決まった」

その途端、画面には映っていないが猫の声が聞こえた。一匹どころではない。猫の鳴き声は群れを成して聞こえてくる。

刈谷君には全く届かないようだ。子猫をイジメる度、猫の群れは抗議の声を上げる。

それ以上、見ていられなくなり、西野君は動画を削除した。

つい先日、とあるペットショップで刈谷君を見かけた。刈谷君は、猫を見てニヤニヤ笑っていた。

# 安定供給

今から九年前、津田さんは父親が遺してくれた土地にアパートを建てた。定年が間近であり、老後の生活を見越しての投資だ。独身者向けの1Kが十二部屋、軽量鉄骨造りのハイツと呼ばれる種類の建物である。

土地の分を建築費に回せるおかげで、まずまずのものになった。

アパート経営は、可能な限りリスクを抑えるのが基本だ。情報をまめに収集し、資金計画を綿密に立て、信頼できる管理会社を選ぶ。これだけでもリスクは、かなり回避できる。けれど、何よりも重要なのは入居者だ。綿密な返済計画も、全ての部屋が埋まってこその話である。

津田さんは、父親の個人的な知り合いだった不動産屋を管理会社に選んだ。地元の情報に詳しく、実績もある。安心して任せられる相手と言えた。

この判断が予想を遥かに上回る結果をもたらした。津田さんのアパートが、少し離れた場所にある工場の独身寮に採用されたのである。

賃貸契約はそれぞれの部屋主とではなく、企業と交わす。おかげで家賃の滞納はなく、身元の怪しい人物もいない。

住人同士のトラブルもなく、部屋が空いてもすぐに埋まる。良い事尽くめである。

このペースだと、計画よりもかなり早く借金が返済できそうだ。津田さんは、父親の交流関係という遺産にも感謝した。

こうして津田さんの人生は、順風満帆で進んでいくように思われた。

が、三年目の冬。

順調に進んでいた人生は、いきなり暗礁に乗り上げた。肝心の工場が閉鎖されてしまったのだ。

契約更新を待たずして解約となったため、ある程度の保証はあるが、全室が一気に空き部屋となった。

工場の閉鎖に伴い、周辺の商店も閉店に追い込まれていくのが目に見えている。目立つ建物は老人ホームぐらいなものだ。周辺一帯が衰退していくのは止められそうにない。

管理会社には一切の非がなく、詰め寄ったところで何も解決しない。次の借り手を探してくれると約束してくれたが、このような立地の物件が埋まる訳がない。賃貸料も下げなければならないだろう。

金の生る木だったアパートが、津田さんの生活を破滅へと導くのは時間の問題だった。

それから一カ月後。最悪の事態を覚悟していた津田さんに、奇跡的な救いの手が差し伸べられた。

小野寺と名乗る男が現れ、アパートを丸ごと借りたいと言うのである。ただし、住人に少し問題がある。

外国籍の人間を受け入れてほしいというのだ。

アパート経営に際し、それだけは避けようとした条件である。言葉だけではなく、生活習慣や文化、マナーなどが違えば、周辺住民との軋轢《あつれき》を生む。

下手をすれば、アパート運営が困難になるだろう。

だが、背に腹は代えられない。国籍以外の条件は、以前の社員寮と殆ど変わらないのだ。

小野寺からは、いかなるトラブルも起こさない、近隣からの苦情も全責任を負うと宣言されている。

いずれにせよ、今はこの話に乗るしかない。津田さんは不安をねじ伏せて契約を交わした。

一週間後、最初の住人が引っ越してきた。東南アジアの国からということだが、見た目は日本人と殆ど変わらない。こざっぱりとした印象の若い男性だ。

流暢《りゅうちょう》な日本語で挨拶したのも好感が持てる。むしろ、日本人よりも言葉使いは丁寧なぐらいだ。その次にやってきた若者も同じであった。

一カ月も経たない間に、全室が埋まった。その間、近隣住民とのトラブルは一切起こっていない。それどころか、地域の行事に積極的に参加したり、自主的に清掃活動を行ったり、言うことなしである。当然、住民達からの評判も良い。

当初の不安は杞憂《きゆう》に終わり、津田さんは、すんでのところで危機を乗り越えた。


そんなある日。津田さんはアパート周辺の除草作業に精を出していた。

入居者の評判が良い分、アパートもそれに見合った外見を整えておかねばならない。大家が成すべき大切な仕事の一つである。

無心になって作業したおかげで、かなり捗《はかど》った。正面をやり終え、津田さんはアパートの裏側に回った。

とりあえず腹拵《はらごしら》えだ。コンビニのお握りを食べていると、背後から声を掛けられた。

振り向くと、何度か見かけたことのある老婆が立っていた。不機嫌を隠そうともしない顔だ。

「あんた、ここの大家だよね。あたしゃ野坂ってんだけど」

きつい口調だ。初めての苦情かもしれない。身構える津田さんの返事を待たず、野坂は続けた。

「あの二階の角部屋、えらいことになってるのは知っとるか」

言われて思わず、二階の角部屋を見上げる。外見はいつもと同じである。当然、室内までは分からない。大家と言えど、無断で入れば罪になる。津田さんは、それを丁寧に説明した。

「そういう事情で、何も知らないんですよ。よろしければ教えてもらえませんか」

野坂はしばらく黙り込んでいたが、大きな溜め息を吐いてから話し始めた。

「あたしの家はあそこ」

指さしたのは、通りを挟んだ場所に建つ家だ。二階に野坂の部屋があるという。二週間前までは、野坂の夫の部屋だったそうだ。

夫が亡くなってから、野坂が使うようになった。位置的には、角部屋の真正面だ。

野坂は毎晩、自室から角部屋を監視していると言った。だとすれば、何か異変があれば気付く可能性はある。

とはいえ、毎晩見ているだけで、何が分かるというのだろう。もしかしたら、単なる差別的な発言ではないのか。

「何処の国から来たか知らんけど、とんでもない奴らだよ」

のか。

ほら来た。異国の地に来て、あんなに仲良くしようとしている人達の何が気に入らない

最早、我慢の限界である。津田さんは、わざと怒りを露わにして野坂に訊いた。

「だから分からないって言ってるでしょうが。くだらない前置きは良いからさ、苦情があるならさっさと言ってくれないかな」

だが、野坂は挑発に乗ろうとしない。

「毎晩、あの部屋から見たことない爺さんが出ていくんだよ。あぁはいはい、何だこの婆ぁはって顔だね。それでも言うだけのことは言わせてもらう」

野坂は津田さんを睨みつけながら話し始めた。

気付いたのは、二週間前。二階で過ごす最初の夜だったね。

カーテンを閉めようとして、妙なものを見ちまってさ。あの部屋が真っ赤になってて。

多分、照明を赤くしてるんだろうけど、普通じゃやんないでしょ。

住んでるのが外国人だから、そういった習慣があるのかなとか思いながら、その日は寝ちまったのよ。

次の日、同じぐらいの時間だったな。また、部屋が真っ赤で。

もうね、気になって気になって仕方ない。直接、部屋の人に訊こうかってところまで考えたぐらい。

でも、相手は外国人だし、というか話したこともない人の部屋に行って、何で赤いんですかとか訊けないでしょ。

どうしようか迷いながら見ているうち、妙なことに気付いた。

時々、人が出入りすんのよ。何だかダブッとした服着て、白い髭生やした爺さん。その爺さんが窓閉まったままなのに、すり抜けるの。あ、こりゃ人間じゃないなと。嫌なもん見ちゃったなと。関わっちゃまずいって思ったから、窓から離れようとした丁度そのとき、爺さんが帰ってきたんだけど。

あたしもよく知ってる、佐伯さんって婆さんを連れてたの。

驚いたのなんのってあんた、佐伯さんも浮いてるのよ。で、爺さんと一緒に窓からスルーって入っちゃったのよ。

野坂はそこまで一気に話して、深呼吸のような溜め息を吐いた。

「佐伯さん、次の日に死んでるの見つかったんだけど。ねぇ、これってどういうことよ。あんた、大家でしょ。どう責任取るつもり」

それから十数分、野坂は喚き散らして帰った。

何事が起こったのかと近所の人達が見に来たぐらいだ。それなのに、アパートからは誰一人現れなかった。

とりあえず、部屋の中を見せてもらうのが一番と考え、津田さんは次の朝一番に角部屋を訪ねた。

借り主は小野寺である。住民との語らいの場として使いたいとのことだった。

留守かもしれないと半ば諦めながら呼び鈴を押す。意外にも、小野寺本人が応対に出てきた。

近隣住民から苦情があり、申し訳ないが部屋の中を見せてほしいと伝える。変に理屈をこねるより、そのほうが良いと思ったからだ。

小野寺は微笑を浮かべながら聞いていたが、あっさりとこう答えた。

「無理ですね。この部屋は我々の神に祈りを捧げる場所なので。信者以外は立ち入り禁止です。お引き取りください」

一瞬、唖然として言葉を失った津田さんは、すぐに我に返った。そういった宗教関連の施設に使われては困る、契約違反だと抗議すると小野寺は微笑を崩さずに言った。

「では、全員一斉に出ていきましょう。それで構わないんですね」

津田さんは再び言葉を失った。今度は反論できず、項垂《うなだ》れるだけだ。

「御用がないようでしたら失礼します。では」

目の前でドアが閉まる寸前、僅かに中が見えた。真っ赤に塗られた室内で、数人の男女が同じほうに向かって土下座していた。

その足で、津田さんは野坂の家に向かっていた。どう説明したら良いものか。上手く誤魔化さねば、また怒鳴られる。頭を抱えながら歩いていく。

妙なことに、野坂家の玄関前に近所の人が集まっていた。手近な一人に訊くと、野坂は今しがた、布団の中で亡くなっていたのを発見されたとのことであった。

津田さんは沈痛な面持ちで、その場から立ち去った。遠くからパトカーのサイレンが近づいてくる。その音を聞きながら、津田さんは正直なところ、ホッとしたそうだ。

その後、アパートの入居者は何度か入れ替わった。新しい入居者も似たような若者達ばかりだ。

一連の流れもそのまま継続しているのだが、津田さんは黙認することに決めた。出ていかれては終わりだからだ。

できれば長く居続けてほしいとすら願っている。

彼らの神様が、老人に何をしようと知ったことではない。
町内の老人は少なくなってきたが、その点は大丈夫だ。
老人ホームがある。常に在庫は補充されている。

# こうたさま

中条さんは今年で七十歳になる。

夫は数年前に亡くなった。生前は仕事一筋で家庭を顧みなかったせいか、悲しくも寂しくもなかった。

それどころか、多額の遺産に大喜びしてしまったという。

子供はいない。自分一人で使うには多過ぎる財産だ。おかげで中条さんは、一人旅を趣味として悠々自適に暮らせるようになった。

中条さんの旅は少し変わっている。漠然とした行き先しか決めず、初乗り運賃だけで電車に乗る。

気に入った風景が見えたら、最寄り駅で降りて運賃を精算する。温泉があれば最高だが、なければ普通のビジネスホテルに泊まる。

敢えて観光地には立ち寄らない。土産物屋も入らない。買って帰っても、渡す相手がいないからだ。

ただ単にそこにいる人になって、街を歩いてみる。その土地の空気を吸って帰ってくる。

そういった旅が大のお気に入りだ。

例によってその日も、中条さんは電車に乗っていた。

とりあえずの目的地は、北陸地方のとある都市。

次の駅の車内アナウンスが流れるのと同時に、遠くに森が見えた。剪定されたかのように、ふんわりと丸く収まっている。

眺めているうち、何故か異様に惹かれてしまった。どうしても近くで見たい。可能ならば中を歩いてみたい。

僅かな間に、今回の旅の目的地が決まった。突き動かされるように電車を降りる。

駅前にはビジネスホテルやコンビニ、食堂もあった。まずは一安心だ。

駅に設置された周辺図で、先ほどの森の位置を調べる。もちろん、単なる森まで記載されているはずがない。

近くを川が流れていたから、それを探す。

それらしき場所を見つけた。恐らく、十五分程度の距離だ。コンビニで軽食を買い求め、中条さんは意気揚々と歩き出した。

そろそろ着いても良い頃だと周りを見渡す。前方にそれらしき森が見えてきた。どうやら鎮守の森らしく、赤い鳥居も見える。

田園地帯ではあるが、所々に家もある。水を張ったばかりの田圃が、湖のようだ。静かで穏やかな時が流れている。何もせずに立っているだけで癒される場所であった。幼い頃に暮らしていた田舎を思い浮かべながら、中条さんは森へ向かった。

第一印象とは異なり、残念ながら大切にされていないようだ。

古びた鳥居は色褪せ、参道は落ち葉で埋め尽くされている。

長期間、人の出入りがないのは明らかである。逆に言えば、独りきりを楽しめる空間ということだ。

注意深く見渡したが、特に立ち入りを禁止されている様子はない。中条さんは足元に注意しつつ、中へ入った。

木漏れ日を浴びながら、しばらく進むと神社が見えてきた。鳥居と同じく、古びている。辺り一面、雑草だらけだ。賽銭箱に蜘蛛《くも》の巣が張り、壁には穴が開いている。

すぐ近くに絵馬掛所がある。これもまた古びているが、何十枚も掛かっている。中条さんは手近の一枚を裏返してみた。

学業成就を願う言葉が書いてある。その隣の絵馬は安産祈願。ごく普通の何処にでもある神社の風景だ。

次から次へと捲っていく。これを書いた人の思いが伝わってくるようである。

少し離れた場所にも絵馬掛所があった。最近になって作られたのか、見ただけで分かるほど木が新しい。そちらのほうがより多くの絵馬が掛けられている。

こちらも見ようとした中条さんは、伸ばした手を止めた。

掛かっている絵馬がおかしい。大きさや形は普通なのだが、掛け紐が違う。

黒くて細い糸をより合わせた紐――いや、これは髪の毛ではないだろうか。

よく見ると、白髪が交じっていたり、茶髪や金髪の紐もある。毛根が付着しているものもあった。

そこにある全ての絵馬が髪の毛で掛けられている。

中条さんは、恐る恐る手近の一枚を裏返してみた。

〈こうたさま　ごめんなさい　ゆるしてください〉

意味不明の言葉が書かれてある。次々に裏返してみた。

〈すいませんでした　こうたさま　ほんとうにすいませんでした〉

〈こうたさま　こうたさま　かんべんしてください〉
〈こうたさまはすばらしいかみさまです　ずっとおがみます　おゆるしください〉
〈しにたくないです　ごめんなさい　ごめんなさい　こうたさま〉
〈こうたさまのおかげでいきていけます〉

筆跡が異なる上に、住所氏名まで詳細に書き込まれている。何と、携帯電話の番号まで書いてあるのがあった。

複数の人が書いたのは明らかだ。

だが、書いてある内容は同じだ。多少文面は変わるが、全て、こうたという人物に対する謝罪文である。

全文が平仮名である点も共通している。

とにかく、訳が分からなさ過ぎる。中条さんは、思わず声に出した。

「何なのよ、これ。こうたって誰。何で皆、謝ってんの」

言い放った途端、賽銭箱の辺りから足音が聞こえた。

振り向くとそこには、薄汚れた服を着た男の子が立っていた。

酷く痩せている。体つきは六、七歳前後のようだが、顔は大人びて見える。

直感で分かった。この少年がこうたさまだ。

何もせず、黙って見られているだけなのに、何故だか寒気が止まらない。

中条さんは、今まで感じたことのない感情に戸惑った。

怖いなどという生易しいものではない。もっとこう、突き詰めた根源的なものだ。

「ああそうか。私、死ぬのかな」

そう呟いた瞬間、目の前の男の子が物凄い笑みを浮かべた。

その先からの記憶がない。

気が付いたとき、中条さんは鳥居の下にいた。近隣の住人らしき男女が遠巻きに見つめている。

ゆっくりと立ち上がった中条さんを見て、ひそひそと何事か囁き合っている。

「あの……」

声を掛けた途端、住民達は蜘蛛の子を散らすように逃げていった。


結局、あれは何だったのか。

こうたという男の子は何者なのか。あそこまで恐れられる理由は何なのか。

死を覚悟したのに、何故許されたのか。

全て分からないまま、中条さんは自宅に戻った。

それ以来、中条さんは旅行を止めた。何処に行っても、感動しない自分に気付いたからだ。

何故、自分が無事だったのか、気になって仕方がない。

何よりも、あのときに知った死の恐怖をもう一度味わいたい。

何なら、そのまま死んでもいい。

結果として、中条さんはあの森の近くに家を買った。

身辺整理が出来次第、引っ越すそうだ。

# なるほどね

牧原さんにとって、令和二年は出だしから最悪の年であった。

普段なら絶対にやらない見積書のミスが発端だ。事もあろうにワンランク上の製品をリストに入れてしまい、破格の安値で納品せざるを得なくなった。

始末書を提出し、重い足取りで駅に向かう途中、今度は泥酔した若者グループに絡まれた。顔を殴られ、スーツは破れ、スマートフォンの液晶も割れた。

疲れ切っていたせいか居眠りして電車を乗り過ごし、タクシーで帰宅すると妻に嫌味を言われ、晩飯はカップ麺のみ。

そんな一日を乗り越えた次の朝。

よし、今日は気持ちを入れ替えて頑張ろうと電車に乗った途端、痴漢騒動に巻き込まれて電車を下ろされてしまった。

全くの無関係と証明するのに時間が掛かり、当然会社は遅刻。昨日の今日で何をやってるんだと怒鳴られるのも無理はない。

正直に事情を話したのだが、何処をどう間違えて伝わったのか、勘違いした女性社員全員から距離を取られてしまう。

それ以来、悪運はぴったりと寄り添って離れようとしない。しかも、徐々に過激さを増していく。

車に轢《ひ》かれかけたり、目の前に看板が落ちてきたり、ぎりぎりの所で命拾いすることが多くなってきた。

死に弄ばれる毎日が続くうち、牧原さんは誰かに呪われているのではと考え始めた。

気のせいではなく、心臓や胃に、突き刺すような痛みがある。

もしかしたら弄ぶ時期が終わり、いよいよ本番開始なのかもしれない。

冗談事では済まなくなってきた。呪われているとしたら、相手は誰なのか。

胸に手を当て、心当たりを探ってみる。だが、幾ら考えても思い当たらない。

同僚とは抜きつ抜かれつの営業成績だが、恨まれるほど差を付けたことはない。女性関係のトラブルも皆無だ。

若い頃からモテた試しはないし、遊ぼうにも金がない。セクハラは神経が磨り減るほど注意している。

友人関係も至って正常だ。ＳＮＳはやっていないから、炎上とかいうのも違う。

誰かから死を願われることなどない、心底から普通の一般人なのだ。

考えれば考えるほど、分からなくなる。とにかく、何か手を打たなければ、社会的にも人生的にも詰んでしまう。

牧原さんは、思い切って妻に相談を持ちかけた。

最近、不幸な目にばかり遭うこと。胸や胃が激しく痛むときがある。

誰かに呪われているんじゃないか。丑の刻参りとか、そういった類の奴だと思う。

真剣に話したはずなのに、妻は途中から笑い出した。

「ストレスよ、ストレス。さっさと医者に行ってきなさい」

軽く突き放されてしまった。

言われた直後は腹が立ったが、冷静になってみれば妻の言う通りである。

週明けに心療内科の予定を入れた牧原さんは、念のために自宅近くの神社を訪ねた。

ストレスが原因なら、清浄な空間で己を見つめるのもありだと思ったからだ。

境内に足を踏み入れた途端、牧原さんは息を呑んで足を止めた。目の前の霧が晴れたように感じたのである。

進むほどに爽快感は増していく。

自分は、何かにまとわりつかれていた。心からそう思える。

社に到着する頃には、未だかつてなかったほど穏やかな気持ちになっていたという。

これは良い、この神社は信用できる。牧原さんは泣きそうになりながら拍手《かしわで》を打ち、頭を深く垂れ、感謝の言葉を伝えた。

御守りを購入し、軽い足取りで帰宅。

妻は自宅におらず、メモが置いてあった。

〈むねいたい　しりつびょういんへ〉

震える文字で記されてある。

慌てて市立病院へ向かった牧原さんだったが、妻と話をすることはできなかった。

妻は、病院へ向かうタクシーの車中で既に亡くなっていたのである。


虚脱状態で葬儀を終えた牧原さんは、手つかずにいた遺品の整理を始めた。

見慣れた服や靴を袋に詰めていく。服には匂いが残っており、片付ける度に胸が詰まった。

下着類を片付けている途中、牧原さんは妙な物を見つけた。

引き出しの奥に木箱が隠されていたのだ。

ごめんね、開けるねと詫びながら蓋を開ける。

箱の中には、胸と腹に五寸釘が刺さった藁人形が入っていた。

藁人形の頭に、牧原さんの顔写真が貼ってある。

異様な文字が書かれた御札も入っていた。御札には、牧原さんの名前が記されてあった。

名前の横には、仕事に失敗しろ、信用を失えなどと書き添えてある。

車に轢かれかける、看板が目の前に落ちてくるという書き込みもあった。

全てを理解し、我に返るまで長い時間を要した。

牧原さんは、のそのそと立ち上がると妻のスマートフォンを探した。

手に取って起動させてみる。当然、ロックされている。

そのロック画面で、妻と同僚の安田が頬を寄せ合っていた。

牧原さんは、丁寧にスマートフォンをテーブルに置き、声を立てて笑った。

涙がこぼれるほど笑い転げた後、すっと無表情になって呟いた。

「そっかそっか。なるほどね」

牧原さんは真新しい仏壇から妻の位牌を取り出し、ゴミ袋に突っ込んだ。

遺骨は、半分を念入りに擦り潰して便器に流した。

最後は流す前に小便を掛けておいた。

残りの半分は、安田本人が留守のときを見計らって、自宅に持っていった。

「こんにちはー！」

突拍子もない大声で挨拶をしながら、鞄から骨壺を取り出した。

差し出された骨壺に怯える奥さんに、例のロック画面を見せながら丁寧に説明する。

「僕の妻とか言ってた女は、あなたの旦那さんとかいう安田君と一緒になりたいようなので」

そう言ってから、骨壺を玄関に叩きつけて帰った。

その夜、牧原さんは高いビールを飲みながら、大好きな映画を鑑賞したそうだ。

# 醜い

美佐恵さんには佳世ちゃんという妹がいる。

佳世ちゃんは、可憐という言葉が誰よりも似合う女性だ。

本人はまるで意識しておらず、自由奔放な行動が目立つのだが、そこがまた可愛いと言われてしまう。

中学生の頃には、学校の有志によりファンクラブが結成されていた。その気になれば、アイドルだろうとモデルだろうと、どんなオーディションでも合格は間違いないと噂されていた。

容姿だけではない。性格の良さも人一倍、成績優秀、スポーツ万能、凄まじいまでのハイスペックな存在だ。

それに対して美佐恵さんのほうは、ありとあらゆる点で平均点以下の女性だ。

その差は幼い頃から歴然としていた。本当に血の繋がった姉妹かと陰口を叩かれ、あらぬ噂に悩まされてきた。

それでも美佐恵さんは、せめて心の美しさだけは同格でいようと励み、佳世ちゃんを大切に見守った。

佳世ちゃんも美佐恵さんを慕い、悪口を言われたときは本気になって怒ったという。

とある年の春、美佐恵さん一家は家族旅行に出かけた。

美佐恵さんの就職祝いである。行き先は、日本海沿いの温泉地。両親の思い出の地だ。

佳世ちゃんが生まれる前、美佐恵さんも一度だけ連れてきてもらったことがあった。


旅の最終日。美佐恵さんと佳世ちゃんは、早朝の海岸を散歩していた。

波打ち際を歩きたいが、帰路を考えると靴は濡らしたくない。

防砂林に沿った遊歩道を歩いていくと、林の中に何かの建物が見えてきた。

かなり古びた家だ。長い間、放置されていたのが一目で分かる。周囲の景色が穏やかなだけに、より一層禍々しく見えた。

美佐恵さんは怖いものが苦手だ。廃屋などは近づくのも御免である。

佳世ちゃんのほうは、ホラー映画やテレビの心霊番組が大好きだ。

「大丈夫だってば。こんな朝っぱらから何も出ないって」

そう言って、遊歩道を外れ、足取りも軽く近づいていく。言われてみればその通りである。

美佐恵さんは苦笑いしながら、妹の後をついていった。

塗装の剥がれた外壁が、瘡蓋《かさぶた》のように見える。これが映画なら、何かあるのは確定の外見だ。

開いたままの玄関に近づき、佳世ちゃんが中を覗こうとしている。

危ない。この中に入るのは、何となく良くない気がする。根拠はないが、無理に入る必要もない。

割れたガラスや、錆びた釘などが落ちているかもしれない。霊がどうこうより、そちらのほうが現実的に怖い。

美佐恵さんが止めようとした正にその瞬間、家の中から老婆が現れた。

足音がしなかったということは、ずっと玄関にいたのだろうか。

とにかく、他人の家を興味本位で覗こうとした行為を詫びねばならない。驚いて立ち竦《すく》んでいる妹に代わり、美佐恵さんは前に進み出た。

老婆は黙ったまま、美佐恵さんを睨みつけている。

顔の左半分が酷い火傷を負っている。潰れた左目と引き攣《つ》った唇のせいか、うっすら笑っているように見えた。

髪の毛も左半分が抜け落ちている。見ていられなくなった美佐恵さんは、思わず、顔を逸らせてしまった。

「おばあちゃん、おはようございます」

唐突に佳世ちゃんが話しかけた。

衝撃から立ち直ったらしい。物怖じせず、人懐っこい性格が、ここでも発揮された。

老婆は何事か呟いている。佳世ちゃんと会話しているようだ。すぐそこにいるのに、何故かよく聞こえない。

一歩進んで耳を澄ましてみた。

佳世ちゃんは色々と話しかけているが、老婆の答えは一つだ。

「醜くしてやる」

佳世ちゃんが何を言っても返ってくるのは、その一言だけだ。

「醜くしてやる」

「醜くしてやる」

けれども佳世ちゃんは笑顔で会話を進めている。

「じゃあね、元気でいてくださいね」

ぺこりと頭を下げ、佳世ちゃんは美佐恵さんの手を取って歩き出した。

旅館に戻り、美佐恵さんは朝食を食べながら、先ほどの老婆の言葉を思い出していた。

醜くしてやるとは、どういうことだ。誰をどうやって醜くするというのか。

考えるまでもなく、あの状況では妹以外にない。何らかの方法を用いて、この妹を醜くしようというのか。

そんなことは有り得ない。美佐恵さんは自らの愚かしさを窘め、食事に集中した。

ふと、隣に座っている妹を見た。左頬にぽつんとニキビができていた。

珍しいこともあるものだ。何となく見つめていると、佳世ちゃんは食べていた出し巻き玉子を隠しながら、たとえお姉ちゃんでもこれは上げられないと睨んだ。

そうして、家族全員が笑った。幸せだったのだ、あのときは確かに。


ぽつんとできたニキビが、左頬全部をびっしりと埋め尽くすのに七日しか掛からなかった。元が可愛いだけに、酷い有様が一層際立つ。ニキビは潰れては生まれ、所々膨れ上がり、膿《うみ》を垂れ流した。

痛みや痒みがあるだろうに、妹は普段通り生活している。

最早、そういう段階ではないのかもしれない。

それどころか、医者に行こうともしない。おかしなことに、両親も行かせようとしない。

そうこうしているうちに、左側の髪の毛が抜け始めた。

毎朝、目に見えて減っている。とうとう、右半分は美しく流れる黒髪、左半分は地滑りでも起こしたかのような禿げ山になった。

その次は左目に異変が起きた。どんどん白くなっていく。

最初のニキビから始まり、左目の白濁まで要した時間は僅か一カ月だった。

美佐恵さんは、あれほど愛していた妹を見るのが辛くなっていた。

と同時に、怪物と化した妹に、不思議な感情を抱き始めた。

深く考えるまでもなく、それは優越感だと分かった。

幼い頃から妹はちやほやされ、恋愛や崇拝の対象になり、地上に降りた天使として信奉の対象だった。

自分は、何をしてもそんな天使に比べられてきた。そのうち、比べられることすらなくなってしまった。

天使とゴミは比較の対象にすらならないからだ。

それが今、妹は地獄に堕ち、私のほうは普通の人間のままでいる。これが嬉しくないはずがない。

自分の中にそのような感情が隠れていたことを知り、美佐恵さんは驚いた。

それでもそんな自分を否定せず、素直に受け入れたという。

あの旅行から数えて二カ月目。

妹はいつものように学校に向かった。一緒に歩くのが嫌な美佐恵さんは、少し遅れて家を出るようにしていた。

玄関のドアを開けた美佐恵さんは、思わず悲鳴を上げた。

あの家にいた老婆が立っていたのだ。老婆は美佐恵さんを指さしながら、満足げに笑った。

「醜くなった」

そう言い残して、老婆は霧散するように消えた。

唖然として立ち竦んでいた美佐恵さんは、数分後漸く我に返り、駅へと歩き出した。

鳥肌が立ち、寒気が止まらない。今起きた現象を反芻《はんすう》しながら歩く。

何故、私に醜くなったと言ったのか。しかも指さしながらだ。

本来なら、佳世に向かって言うべき言葉だろう。

駅のトイレに立ち寄り、恐る恐る鏡を覗いた。いつも通りの平凡な顔だ。何処もおかしくなっていない。

佳世のほうが醜い。あの子のほうが何十倍も醜いはずだ。ホラー映画なんて足元にも及ばない怪物じゃないか。

本当にそうなのか。

　では何故、佳世は普通に外を歩いているのだろう。医者にも行かず、両親も何も言わず、学校でもいじめられず、そんなことが可能だろうか。

　美佐恵さんは震える手でスマートフォンを取り出した。

　佳世のＳＮＳは全てフォローしてある。

　最新の投稿画像を調べてみた。

　テーマパークで友達と撮った一枚が軽くバズっている。そこに写っている佳世は、現役のアイドルでも通用する容姿だった。

　その他の画像にも、時には可憐に、時には妖艶に写る佳世がいた。

　必死で時系列を遡っていくと、あの日の家族旅行の画像が出てきた。

　最終日、朝食をバックに撮ったのを覚えている。

　そこに写っている佳世は、天使の微笑みを見せていた。その左頬はすべすべと潤い、ニキビの兆候すらなかった。

　美佐恵さんは、もう一度トイレの鏡を見た。自分の背後に、あの老婆が立っていた。

　老婆は先ほどと同じ笑顔で指さしている。

「本当に醜い」

　そう言って、また霧散した。

# 姉妹

真由美さんには、香澄さんという一つ下の妹がいる。仲の良い姉妹なのだが、世間一般には知られていない。

「太田さん家の真由美ちゃん、綺麗よねぇ」

「真由美ちゃん、進学校に合格したんだって」

斯様《かよう》に井戸端会議で香澄という名前が出されたことはない。香澄さんは幼い頃の事故で、成長が止まってしまった。

長い間、言葉も出なかったのだが、知識は貯めていた。香澄さん曰く、入力はできるけど出力ができない状態だ。

世間がどう思おうと、本人は全く気にしていなかったのだが、両親、特に父親と親族一同が香澄さんを一族の恥とした。

何時代の話だと呆れてしまうが、残念なことにそれほど昔ではない。

本人自身が一人では身動きできないのを良いことに、一族は香澄さんを人目に付かない奥座敷に軟禁していた。

真由美さんは、そんなことを許す両親や一族に激しい怒りを覚えていたのだが、若い女一人ではどうすることもできない。

今の自分にできることを必死で考えた。

香澄さんの部屋には箪笥《たんす》しかない。パソコンはもちろん、テレビやラジオすらない。香澄さんは世界と繋がれない存在だ。

ならば自分が世間との橋渡しになろうと決め、真由美さんは勉強や社会のことを教えてきた。

適切な発音のための構音訓練や、身体のリハビリとマッサージの知識も仕入れ、少しずつでも良い方向を目指す努力をしてきたという。

その甲斐あって、香澄さんは言葉が出るようになってきた。自分の意志を直で伝えられることで、マッサージも効果的に行えるようになった。

痛みや心地良さが分からない状態では、手探りでやるしかなかったのだ。

思い通りに手を動かせるようになった香澄さんが、最初に求めたものは真由美さんとの握手であった。

真由美さんは、この時点で新たな計画を立てた。

香澄さんにスマートフォンを渡す。契約者を自分にして、請求書もデジタルにしてしまえば、家族にはバレない。安い会社を選べば、月々の料金も支払える。

私の部屋にあるＷｉ－Ｆｉに繋げれば、パケット代も大丈夫だ。真由美さんは早速、計画を実行に移した。

他の誰も気にしていなかったが、その日は香澄さんの誕生日だった。プレゼントの箱を開けた香澄さんは、黙ったままスマートフォンを見つめている。

使い方を説明する度、香澄さんは目を丸くして見つめる。ふと思いついて、世界の観光地の動画を流してみた。

十年以上、軟禁されているこの薄暗い部屋と、世界が繋がった瞬間である。食い入るように見ていた香澄さんは、声を殺して泣き始めた。

大粒の涙がスマートフォンに落ちていく。

「防水だから濡れても大丈夫よ」

真由美さんがそう言うと、香澄さんは心の底から嬉しそうに笑った。

それからの香澄さんは、気持ちに余裕ができたらしく、笑顔でいることが多くなった。

自主的に英語の練習も始めた。マップを広げれば、どんな街並みも散歩できる。猫や犬だけではなく、ありとあらゆる動物に会える。

戦争や天災の悲惨な現場も見てしまうが、それでもなお、世界は憧れに満ちていると香澄さんは言った。

お気に入りのバンドも見つけ、いつかライブに行ってみたいという夢も語ってくれた。

そして自分が、絶対にその夢を叶えられない存在だということが分かった。

開いた窓から見える世界は、あまりにも美しくて遠い場所にある。

それに気付いたと真由美さんに告げた翌日、香澄さんは生きるのを止めた。


香澄さんは食事をしなくなった。水も飲まず、ただ眠って起きるだけを繰り返す。

真由美さんが泣こうが喚こうが、どう説得しようが、無反応だ。

家族に現状を訴えたが、誰も動こうとしない。それどころか、医者や救急車を呼んだら酷い目に遭わせると恫喝してきた。

三日目を過ぎた頃から、香澄さんは眠っていることが多くなってきた。

五日目の朝、香澄さんはゆっくりと目を開け、天井を見上げたまま息を引き取った。

身体中の水分が枯渇しているはずなのに、目から一筋の涙がこぼれ落ちていた。

香澄さんは葬儀など行われず、火葬された。さすがに段ボール箱で持ち込むわけにもいかず、一番安い棺で業者に頼んだ。

火葬だけで八万円も掛かるのかと父親は顔をしかめていた。

火葬に立ち会ったのは真由美さんだけである。骨壺を抱きしめて外に出ると、朝からの雨があがり、爽やかな秋晴れの空が見えた。

当然、家には何も用意されていない。仏壇はあるが、位牌はない。骨壺を置く場所もない。

真由美さんは自室に骨壺を置き、手書きの位牌を添えた。

その夜は、香澄さんが使っていたスマートフォンを見続けた。動画サイトの視聴履歴は、お気に入りのバンドばかりだ。

検索履歴も調べてみる。

そこにずらりと並んでいたのは、呪う、呪い殺す、呪殺という文字であった。

「何これ」

呟いた瞬間、スマートフォンが勝手に動き出した。驚く真由美さんの目の前で、スマートフォンの画面はメモ帳に切り替わった。

一行目のタイトルに、真由美おねえちゃんへと記されてある。

震える指でメモを見ていく。そこに残されていたのは、呪いのリストだった。

呪い殺したい相手と、その方法が記されている。

リストの一番目は父親だ。次が母親、祖母と続く。それぞれに呪う方法と必要な物、成功したらどうなるか併記されている。

申し訳ないけれど、次に書いてある銀行にお金を振り込んでほしいとも書いてあった。

最後の一行には、こう記されてあった。

真由美おねえちゃん。準備完了です。あとは任せます。私は材料の一つになるから、結果が見られなくて残念です。

たった一行の言葉が重い。真由美さんは目を閉じた。

スマートフォンを睨みつけても、何一つ解決しない。

やるか、無視するかだ。真由美さんは迷うことなく前者を選んだ。

まずはリストの一番目から取り掛かる。ただ、本当に効果があるのか確信が持てない。

ネットを検索したぐらいで、正しい方法に辿り着けるとは思えないからだ。

真由美さんは、香澄さんのスマートフォンを再度調べた。ふと思いつき、電話の履歴を開けてみる。

何処にも掛けるはずがないのに、何度も発信している番号があった。先ほどの銀行口座の名前と同じ相手だ。思い切って掛けてみる。

何度目かのコールの後、女性が電話口に出た。

「香澄さん……いや、お姉さんですよね。お疑いなら一度やってみてください。香澄さんの供養にもなりますし」

一方的にそう言って、電話が切れた。その後は幾ら掛けても繋がらなかった。

真由美さんは覚悟を決めた。念入りに方法を再確認する。必要な物の一つに、香澄さんの遺骨が挙げられているのを見つけ、思わず涙がこぼれた。

結果として、呪いは上手くいった。体調不良を訴えた父親は、食事が摂れなくなった。食欲はあるのだが、口にすると殆ど吐いてしまう。

医者に診せたが原因が分からない。徐々に父親は痩せていき、自分一人で動くことができなくなり、寝たきりになってしまった。

その頃から父親は、自分の身体の上に香澄さんが立っていると言い始めた。

真由美さんには、その言葉が嘘ではないことが分かっていた。確かに香澄さんが立っているからだ。香澄さんは、父親の上で嬉しそうに飛び跳ねている。

あんなに軽やかに動けるんだ、良かったな。真由美さんは心の底からそう思った。

父親は、一カ月を過ぎた頃から体調を戻し始め、ほどなくして元通りの元気な身体になった。

本人も周りの人間も回復を喜んでいる。真由美さんも喜んでいた。効果があることが確かめられたからだ。

あんな楽な死に方をしてもらっては困る。香澄がそれまでに受けた苦しみは、あんなものではない。

体調を整え、気力を充実させ、真由美さんはこの冬から本番を開始する。

# 朱美ちゃんの幸せ

私の悪友である福西さんは、怪談を集めるのが趣味だ。読みたい怪談本がないから仕方なくだという。

得意とする現場は夜の街。若い女性と話すのがメインのような気もしないではない。けれど、あくまでも怪談収集が目的らしい。

しばらく交流が途絶えていたのだが、去年の初秋の頃、思いがけない再会を果たした。場所は大阪ミナミの繁華街。通りの向こうで福西さんが手を振っている。二人とも結構な年齢なのだが、恥ずかしげもなく手を振り返してしまった。

福西さんの隣には、若い女性が立っている。

ゆるふわパーマ、ほんのりと色気を乗せたあどけない顔立ち、シフォンブラウスにタイトスカート、ハイブランドのパンプスとバッグ。上から下まで完璧に仕上がったキャバ嬢である。

世間一般で言うところの同伴出勤に違いない。久しぶりの出会いだが、これは邪魔をするわけにはいかない。

それじゃまたと踵を返した私は、たちまち福西さんに捕まった。

今から面白いものを見せてやるという。

「この子、なかなか良いネタを持ってるんよ」

福西さん曰く、私向きのネタらしい。話にまとめて公表しても構わないとのことで、私は二人の後をついて歩き出した。

カフェテリアや居酒屋など、不特定多数の人がいる場所は避ける。ホテルの一室は私がコンプライアンス的に没にしている。

結局、私達が向かったのはカラオケボックスだった。予約なしで入れ、話し声が漏れず、料金が安い。何なら一曲歌って帰る。言うことなしだ。

頼んだ飲み物が届き、取材が始まった。女性の名は朱美、永遠の二十二歳らしい。

稀に見る逸材だと、何故か福西さんが自慢げに胸を張っている。そうなるのも当然の可愛らしい女性だ。

売り上げも凄まじく、私と福西さんが束になっても敵わないぐらいだという。

だとすると、取材は楽である。話し上手、聞き上手というのが、トップクラスのキャバ嬢の必須条件だからだ。

その予想通り、朱美ちゃんは映像が浮かびやすい話し方で生い立ちから語り始めた。

朱美ちゃんが生まれたのは、東北のとある寂れた町である。父親は工場勤め、母親は清掃業に従事していた。

貧しくはあるが、何とか穏やかな生活が営めていた。それが一気に崩れたのは、朱美ちゃんが十四歳の夏である。

母親が男と逃げたのだ。相手は契約先の社員、妻子を捨て、会社の金を持ち逃げした上での逃避行だった。

朱美ちゃんはもちろん、父親にも責任はないのだが、世間は面白おかしく噂を垂れ流した。最も酷いのが、父親は実の娘に手を出し、それに怒った母親が仕返しとして逃げたというものだ。普段の真面目な暮らしぶりを知っている近所の人ですら、白い目で見るようになった。

身に覚えのない誹謗《ひぼう》中傷と、多額の借金とで心を病んだ父親は、朱美ちゃんが高校に合格したその日に首を吊って死んだ。

遺書はなく、衝動的な自殺らしい。朱美ちゃんは親戚の家に預けられたが、叔父に襲われかけたのを切っ掛けに、全てを捨てて都会に逃げた。

それからは身体一つで生き抜いてきた。時にはどん底に落とされそうになったが、ぎりぎりのところで回避したり、思わぬ人が助けてくれたり、不思議と最悪な状態は免れてきたという。

私は色々な取材を通じて、社会的に弱い人や、底辺を彷徨《さまよ》う人を見てきた。朱美ちゃんも話を聞いた限りでは、不幸の詰め合わせのような女性だ。

ふと思い立ち、親族のことも訊いてみたが、自殺者が四名、行方不明が一人、突然死が二人と凄まじい状況だった。

にも拘らず、朱美ちゃんのこの明るさはどうしたことだろう。本来なら、どん底でもがき苦しんでいてもおかしくない人生だ。

「どや？　凄いやろ、この子。けど、凄いのはここからやで」

福西さんは私を見据えたまま、朱美ちゃんに合図を送った。

悪戯っ子のように微笑みながら、朱美ちゃんは立ち上がって胸の前で手を組み、目を閉じて祈り始めた。

その途端、空気の濃度が変わった。柔らかくて暖かい、まるで日溜まりにいるような気分だ。

空調機器の暖かさとは、根本的に違う。心の底から暖まる空間になった。

福西さんが、滅多に見せない真面目な顔で私に言った。

「僕な、言うてなかったかもしれんけど、割と視える人やねん。ありきたりの怪談本がつまらんのも、そのせいや。もちろん、朱美ちゃんのも視える。これがやな、凄いねん。最悪な奴と、守ろうとする人達の両方いてる」

福西さんによると、守っているのは朱美ちゃんに似た感じの五人。波長も似ている。間違いなく、血縁関係者だ。

その後ろに、かなり凶悪な影が見えるのだが、五人がスクラムを組んで通そうとしない。怖いことに、その凶悪な影からも朱美ちゃんと同じ波長を感じる。断言はできないが、こちらも血縁関係者の可能性が高い。

朱美ちゃんと、その家族を不幸の沼に引きずり込むべく、常に狙っていたのではないかと福西さんは言った。

朱美ちゃん自身には、全く心当たりがない。生まれる前からの因縁だとしたら、無理もないところだ。

もしもそうだとすると、根本的な解決が難しくなるのでは。敵さんの詳細が分からなければ、手の打ちようがないだろう。

私がそう言うと、福西さんは我が意を得たりとばかりに頷いた。

「正にその通りや。けどまあ、今のままやったら大丈夫やと思う。後ろの五人さんがえらい頑張ってくれてるからな」

時々、力が弱くなるのだが、そういう隙を見逃さず不幸が訪れるそうだ。

逆に言えば、ある程度不幸をコントロールできるということだ。

常日頃から、徳を積んでおけば最悪の事態までは至らない。

「てなことを朱美ちゃんには言うてあるんや」

「言うてもらいました」

ふわっと笑う朱美ちゃんのおかげで、良い時間が過ごせた。

私は二人を見送り、暖かな気持ちのまま家路に就いた。


それから二カ月程経った頃、福西さんから嬉しい報告が届いた。

朱美ちゃんが結婚するという。お相手は一流企業の社員だ。先輩に無理矢理連れてこられたとき、席に着いたのが朱美ちゃんであった。

その男性は朱美ちゃんに一目惚れし、週に一度、必ず通ってきた。

もっと頻繁に来てやってよと仲間のキャバ嬢に唆されたとき、その男性は恥ずかしそうにこう言ったそうだ。

「結婚したい人がいるから、資金を貯めてるんです」

言い終わった直後、朱美ちゃんの前で立て膝を突き、プロポーズしたらしい。

「というわけで、後ろの五人さんが完全勝利したわけや」

電話口の向こうで、福西さんは泣いているようだった。それを指摘すると、目から祝い酒がこぼれただけやと福西さんは笑った。

朱美ちゃんの不幸も、これで打ち止めか。良い話が書けそうだなと安心してから三カ月後。またしても福西さんが連絡してきた。

前回とは打って変わって、重い口調だ。

何かしらのトラブルが発生したに違いない。実際に会って話したいとのことで、私は時間と場所を指定した。

現れた福西さんは、かなりやつれて見えた。

焦燥感に満ちた顔で、朱美ちゃんの現状を説明した。

新婚生活は上手くいってる。向こうの両親にはキャバ嬢だったことを秘密にしてある。

接客業に従事していたことになっている。

旦那は相変わらず朱美ちゃんにベタ惚れだ。

この旦那が愛するが故に、とんでもないことをやらかした。それというのも、朱美ちゃんの生い立ちを知ってしまったからだ。

あまりにも不幸な境遇に驚き、涙し、これは何かに祟られていると言い出したらしい。

事実、その通りなのは確かだろうが、後ろの五人が頑張っている限りは大丈夫なのだ。

ところが朱美ちゃんは、それを言い出せなかった。

あたしの背後には強い霊が五人憑いてるから大丈夫、などと言ってしまったら、思い切り引かれてしまうのではないか。

結果としてその判断は、間違いであった。旦那は手当たり次第に強力な除霊師を探し求め、最終的にとある新興宗教に辿り着いたのである。

その教祖は確かに強力で、悪霊退治の実績もかなりなものだった。

旦那はこの教祖に、朱美ちゃんの写真を見せた。その瞬間、教祖は低く呻き、この女性には何体も霊が憑いていると言い当てた。

ある日のこと。旦那が、この教祖を連れて帰ってきた。朱美ちゃんを見るなり、教祖は熱心に祈りを捧げ、悪霊退散に心血を注ぎ始めたのだという。

「大丈夫だから、教祖様に身を委ねて」

旦那が真剣な面持ちで言う。

こうなると余計に断れない。悪霊をやっつけてくれるなら、それはそれで助かる。朱美ちゃんは、そんな結論に達した。

それから丸々一カ月を掛け、教祖は除霊に成功した。

朱美ちゃんと旦那に、したり顔でこう宣言したそうだ。

「恐るべきことに、奥さんには五人もの霊が憑いてました。全て排除済みです」


福西さんは、うんざりした様子で話を終えた。

「てなわけでな、朱美ちゃんは今んとこ防具なしの丸裸や。これこれこういうことがありました、福西さんどうしましょてな相談受けたんやけどな。そんなもん、どないもできへん。僕、視えるだけで祓う力なんてあらへんのや」

早速、朱美ちゃんは原因不明の体調不良で入院したらしい。

「とりあえず見舞いに行ってくるわ。君も暇やったら行ったげてな」


それが福西さんの最後の言葉だった。

福西さんは病院へ向かう途中、トラックと正面衝突して即死した。見通しの良い交差点だったという。

福西さんの死に、朱美ちゃんが関係しているかどうかは不明だ。とりあえず、私一人では太刀打ちできない相手だと思う。

というわけで、それ以上のことは調べていない。

今でも私は、ふわっと笑った朱美ちゃんを思い出すことがある。

そんなときは、急いで他のことを考えるようにしている。

# 一人にはしない

美咲さんは二年前に花嫁となった。

夫は上場企業のエリート社員、輝かしい未来が待つ新婚生活の始まりである。

夫の両親や親族に堅苦しいところは一切なく、たまの帰省も手放しで喜んでくれる。居心地の良さは我が家以上だった。

妻となって初めての冬、夫の祖母が亡くなった。享年九十二歳、老衰により眠るような最後だったという。

通夜に向かう道すがら、夫は葬儀の流れを説明し始めた。

一般的なものと殆ど変わらないが、絶対に守らねばならないしきたりがある。

通夜の途中、決して一人になってはいけない。必ず、複数の者が詰めることになっている。

万が一、二人だけのときに片方がトイレに行きたくなったら、二人ともが部屋を出るぐらい徹底されているのだと夫は言った。

その約束事を破ったら何が起こるのか。美咲さんが疑問を投げかけると、思わぬ答えが返ってきた。

「いや、しきたりがあるってだけで、何が起こるのかは知らない。だって、破ることないし」

言われてみれば当然だ。こうなるから気を付けろ等の言い伝えすら残っていないらしい。

自分でも気になったのか、夫は親戚に訊いてみると約束してくれた。

実家に到着し、まずは挨拶回りだ。親戚の殆どは、結婚式に出席してくれたため、顔は分かる。美咲さんは、とりあえず笑顔で頭を下げておいた。

全てやり終え、漸く祖母の遺体がある部屋に到着。数える程しか話したことがない相手であり、それほど悲しくはない。

とりあえず寂しげな顔を作り、美咲さんは手を合わせた。

一段落付いたところで、夫はしきたりを破ったときに何が起こるか訊ね始めた。

ところが、見事なまでに誰も知らない。噂や憶測すらない。情報統制が強いられている様子もなかった。

皆、そうすることが当然として過ごしてきたのだ。悪いものは悪い、駄目なものは駄目。そこに理由など必要ない。

つい先ほどまで自分もそうだった夫は、少なからず衝撃を受けた様子だった。

情報部門のリーダーを任されている人間として、恥ずべきことだと愚痴っている。

曖昧な伝承を鵜呑みにしていたことが、納得いかないようだった。

結局、何も分からないまま、通夜は明けた。葬儀を全て終え、日常生活に戻り、何週間か経つ頃には一連の流れは忘れ去られてしまった。


再び思い出されたのは、それから半年後のこと。

以前から入退院を繰り返していた義母が、搬送先で息を引き取ったのである。

既に覚悟を決めていたのか、夫はそれほど悲しみを表に出さず、帰省の用意を始めた。

しばらくして夫は、ふと手を止めて言った。

「決めた。しきたりを破る」

深夜を過ぎてからは順番に寝ずの番を任される。夫婦や兄弟で組むのが殆どだ。前回も、美咲さんは夫と二人で二時間ほど部屋にいた。

夫は、そのときを狙ってわざと一人になるという。

そんなことをして大丈夫なのかと心配する美咲さんに、夫は笑顔で持論を話した。

呪いや祟りなどという非科学的なことがあるのなら、むしろ尾ひれを付けて伝えられるはずだ。

亡くなった人を寂しがらせてはいけないという、感情に訴えただけの話に違いない。

その程度のことで、これからも縛られるのは時間の無駄。変えるのは、僕達みたいな若い世代だ。

熱い口調で語る夫の隣で、美咲さんは不安を拭いきれずにいた。自分自身の体調が悪いせいもあるが、何となく嫌な予感がする。

どう説得しようか思案するうちに、実家に到着してしまった。

前回と同じように挨拶を終え、義母の部屋へ。最後に見たときより、かなり痩せていて驚くと同時に、自然と涙が溢れてきた。

さすがに夫も胸にくるものがあったのか、そっと手を合わせている。

義父は思いのほか元気で、てきぱきと指示を出している。家事に没頭しているほうが気が紛れていいのだろう。

夜が更け、とうとう二人の順番が回ってきた。今から二時間、部屋に詰めねばならない。

辺りが静まり返った頃、夫はそっと立ち上がった。話しかけようとした美咲さんを制止して障子を薄く開ける。

様子を窺っていた夫は、美咲さんを招き、部屋の外に出るように促した。

美咲さんはまずトイレに行き、五分ほど時間を潰してから戻るように言われていた。

「ねぇ、ほんとに大丈夫？　やっぱり止めとかない？」

夫は薄く微笑み、優しく美咲さんの背中を押した。

こうなったら仕方がない。言っても聞かない人なのだ。

美咲さんは、足音を立てないように注意し、トイレに向かった。五分ほど時間を潰し、また静かに部屋に戻る。

室内からは何の物音もしない。障子を開けた途端、嫌な臭いが漏れてきた。

こんな臭いがするものは何もないはずだ。

「何、この臭い」

話しかけたが、夫は返事もせずに座っている。

「ねぇってば」

漸く夫が振り向いた。今にも眠ってしまいそうな、ぼんやりした表情だ。目の焦点も合っていない。

「で？　何か起きたの？」

質問の意味が分かっていないような素振りで、夫は首を傾げた。何か変だ。全ての反応が遅い。

「あなた、どうかした？」

夫は一言も発しないまま、もぞもぞと動き出した。

義母の遺体に近づき、いきなり布団に潜り込んで添い寝を始めた。

驚いた美咲さんが起こそうとしても、頑として動かない。夫は義母の遺体に抱きついて眠り、三十分後に目を覚ました。

再び、もぞもぞと座り、漸く普段の顔つきに戻った。その間、自分が何をしたか、一切覚えていなかった。

美咲さんが、こういう状態だったと説明しても、きょとんとした顔で見つめるだけだ。

葬儀を終え、自分達の家に戻ったときには、いつもの夫に戻っていた。

それから数日ほど経った頃、珍しく夫が早退してきた。

理由を訊くと、何となく頭が重いのだという。医者に行くほどではなく、少し眠れば治ると言い残し、夫は部屋に引きこもった。

その日が始まりだった。夫は少しずつ壊れていった。

仕事で初心者のようなミスを連発し、遅刻、早退も増え、無断欠勤もするようになってしまった。

本人も何とかしようと努力しているのだが、何かが邪魔をするのだという。

そんなときには、必ず嫌な臭いがする。

義母の通夜で嗅いだ臭いと同じだ。

会社に休職届を出してから二カ月後、夫は自らの命を絶った。

それがしきたりを破ったせいかどうかは、分からない。関連する出来事は、嫌な臭いだけだ。

だから、皆も夫が心の病気の末に自殺したと思っている。

美咲さんは、それが悔しくて堪らなかったという。夫がおかしくなったのは、どう考えても義母の通夜からだ。

だが、それを今更言ったところで、誰も信じようとしないだろう。

ならば、今度は私が一人になってやる。何が起こるのか、この目で見てやろう。

破れかぶれと言ってもいい覚悟を決め、美咲さんは夫の通夜を迎えた。

事情を知らない自分の母と組み、ここぞというところでトイレに行ってもらった。

みんな寝てるから、静かにゆっくり行ってきてと頼んである。

夫の側に座り、辺りの様子を窺いながら、美咲さんは待った。しばらくして母が戻ってきた。

嫌な臭いどころか、何一つ異常は起こらなかった。

葬儀から一カ月後、美咲さんは自分が妊娠しているのを知った。

生理が遅れているのは自覚していたが、夫の看病で疲れているせいだと思っていた。

ということは、あの日、自分は一人ではなかったのだ。

自分の中に、もう一人いた。その一人が助けてくれた。

美咲さんは今、出産に向けて体調を整えている。生まれてくる子に、心からありがとうと言うつもりだ。

# 赤い部屋の理恵

今から五十年も前の話である。

その当時、沖田さんは故郷に戻って母親と暮らしていた。

事故で下半身が麻痺し、一人暮らしが難しくなったからだ。車椅子を使えば、ある程度の距離は移動できるのだが、当時はバリアフリーが今ほど確立されていない。自然と、家に引きこもることが多くなった。

沖田さんは小学校の教師だったが、階段が上れなければ教室にも行けない。天職と思っていた教師を辞め、意気消沈しての帰郷だった。

保険金のおかげで暮らしてはいける。だが、将来の自分が見えず、大好きだった海外旅行にも行けず、ただ単に生きているだけの日々を過ごしていた。

半年程経った頃、そんな毎日に変化が訪れた。

切っ掛けは、村に現れた金森という一家である。聞くところによると、他府県から流れてきた余所者とのことだ。

村長の好意で、村外れのあばら家を借り、雑事を手伝って暮らしている。

夫婦と老母、娘が一人の極貧生活だが、生活保護を申請できない事情があるらしい。十歳になる娘の理恵は、小学校に通えずにいるという。

事情を知った沖田さんは、何とかしてその娘に勉強を教えてあげたくなった。

沖田さんは、村長を通して連絡を付けてもらい、身分を証した上で理恵さんに勉強を教えたいと申し出た。

無料だと、却って気を使わせるかもしれないと考え、沖田さんの家を手伝うことを条件とした。

最初は当惑していた金森夫妻だったが、最後には目を潤ませて頭を下げた。

こうして沖田さんは、理恵の個人教師となった。

理恵は足しげく沖田さんの元に通い、熱心に学んだ。一般的な教科以外にも、英語や美術も教える。夢の選択肢を増やすためだ。

海外の国のことを話すと、理恵は目を輝かせた。遠過ぎて現実味に乏しい世界が、自分の努力次第で行けるかもしれないと気付いたからだ。

地を這うような理恵の生活に、微かな夢が芽生えた瞬間である。

元々、頭が良い子だったのだろう、理恵は沖田さんが驚くほどの学力を身に付けていった。

単なる同情心で始めたことだが、子供の夢を育てているという実感が、沖田さんを前向きにさせた。

漸く開きかけた未来への扉が閉ざされたのは、理恵が十二歳になって間もなくである。父親が病死したのだ。

共稼ぎで何とか生きていける家庭だ。母親だけで一家を守ることは不可能に思われた。葬儀を終えた足で、理恵は沖田さんを訪ねてきた。今までの御礼を伝えに来たのだという。

これからどうするのか訊くと、理恵は硬い表情で答えた。

既に覚悟は決まっている。意味は分からないが、身売りということをすれば家族は助かる。以前、母親が口走った言葉を覚えていたらしい。

それで家族が救えるなら、何でもやるつもりだと理恵は微笑んだ。

止めろというのは簡単だ。では、代わりの仕事を用意できるのか。とにもかくにも、あの子を救えるのは善意ではなく金なのだ。

沖田さんは自らの無力さを嘆いた。

ところが、意外な所から救いの手が差し伸べられた。

理恵の話によると、近くの町に住む狭川という豪商が、養女として迎え入れたいと声を掛けてきたらしい。

狭川家は理恵を家族として大切に迎え入れ、学校にも行かせてくれるという。

残された家族には仕事を与え、生活に不安がないようにするとまで言っている。

村長の口利きということで、信用できる相手なのは間違いない。

これこそ、捨てる神あれば拾う神ありだ。心細いだろうが、将来を考えたら他に選択肢はない。

沖田さんはそう言って、理恵の背中を押した。

狭川家の娘となった理恵は、暮らしぶりを手紙にしたため、こまめに送ってきた。

勉強を教わっていた先生に送ると言ってあるそうだ。

『衣食住全てが夢みたいに素敵です。

新しいお父さんお母さんも、何人かいる使用人の人達も、実の娘として可愛がってくれます。

学校は手続きが遅れていて、まだ行けていませんが、夏を過ぎる頃には転校生として登校できます。

先に教科書を読んでみたけれど、沖田先生のおかげで全部分かります』

文章の端々に幸福が溢れていた。

沖田さんは、全ての手紙を大切に保管し、何度も読み返しては涙したという。

七月に入ってから、それほど大切な手紙の内容がおかしくなってきた。

『私の部屋の近くに客間があります。家具とか何にもない部屋です。

立ち入り禁止ではありませんが、何もない部屋に入る理由がないので無視してました。

この部屋に、知らない女の子がいたんです。

年齢は私と同じぐらい。白い着物に赤い袴でした。押し入れの前に座り、こっちをじっと見つめて何か言いたそうでした。

どうしたんですかって声を掛けたら、黙ったまま天井を指さしたんです。何かなと天井を見ている間に、その子は消えてました。

その日からずっと、客間に女の子がいます。いつも押し入れの前に座って、天井を指さしてから消えます。

お化けかもしれない。それと、女の子は一人ではありません。全部で七人の女の子が交代で現れます。

沖田先生、私はどうしたらいいでしょうか』

冗談や悪戯ができるような子ではない。

慣れない環境のせいで、ありもしない物を見るのでは。

沖田さんは、そういった趣旨の返事を送った。

それからしばらくは、当たり障りのない手紙が届いていた。少しは落ち着いたかなと安心していたのだが、八月に入って分厚い手紙が届いた。

理恵は、八畳間を徹底的に調べたらしい。

その様子と結果を記した手紙、それと現場をスケッチした画用紙が入っていた。

『今日は朝早くからみんないっしょに家を出ました。お世話になっている神社に向かうとのことです。私は入ってはいけない神社だそうで、るす番でした。

いい機会だから、客間に入りました。女の子達がいた辺りは何もありません。そうだ、押し入れを調べてみよう。

そう考えて、押し入れの戸を開けてびっくりしました。

階段があったんです。私一人がやっと上がれるぐらいの細い階段。

先は天井裏へ繋がってました。上り口の横にスイッチがあって、押すと天井裏に灯りが点きました。

怖かったけど、上がってみました。そこに小さな部屋があったんです。

部屋中、真っ赤に塗られていて、きれいなノボリがたくさん立ってます。

正面には大きな仏像が置いてありました。真っ黒で、見たことのない仏像。ノボリの文字は漢字だけど、ちょっと日本のとは違う。

左右の壁には黒い額に入った写真がありました。全部で七つありました。客間で見た女の子達の写真です。写真の下に、変な漢字で何か書いてありました。

名前が書いてあるのは何となく分かる。その後が分かりません。多分、生年月日か何かだと思う。

仏像の前に、机が二つ並べてあって、お供え物がいっぱい置いてありました。

果物、おかし、紙で作ったお金、それとお人形さん。同じ人形を私も部屋に置いてます。

新しいお母さんからもらいました。あなたのことを思いながら作ったのよって言ってた。

人形も全部で七つ、ふつうのより太くて長い線香を持たされてました。

私ではこれ以上何も分からないので、沖田先生に見てもらえるよう、絵を描きました。

変な漢字も写生しました。

先生、これって何ですか？』

沖田さんは、同封されていた画用紙を広げてみた。

隅々までよく観察し、丁寧に描かれた絵だ。

その部屋の飾り付けや幟《のぼり》に書かれた漢字は、台湾で使われる繁体字に酷似している。

全体から判断すると、これは台湾の中元普渡《ジョンユエンプードゥー》という祭礼のように思えた。

何度か台湾を訪れたとき、実際に見たこともあるから間違いない。

旧暦の七月の彼岸に、あの世とこの世が繋がり、亡くなった人の魂が家族に会いに来る。が、それと同時に帰る場所がない魂も溢れてしまう。

そういった魂を弔うための行事が中元普渡だ。

ただ、理恵が見つけた部屋には、決定的におかしいところがある。

中元普渡は屋根裏で隠れてやるようなものじゃない。それとこんな真っ黒な仏像なんて、見たことがない。

お供え物もおかしい。三牲四果《サムシンスウゴ》といって、豚肉や鶏肉、果物やお菓子を用意する。それぞれに線香を立てて供えるのが普通だ。

線香を持たせた人形を使うなんて聞いたことがない。

写真の下に書かれているのは、理恵の言う通り、名前と生年月日と没年。

生年月日は全員が五月十五日。確か、理恵も同じ日だったはず。

没年は八月に固まっている。これは旧暦の七月、中元普渡が行われる時期だ。

そこまで解明したところで、沖田さんは自分でも信じられない結論に達した。

客間に現れるという女の子達は、お供え物にされたのではないか。大切に育てた女の子を差し出す相手が、この真っ黒な仏像では。嫌な予感しかしない。沖田さんは、理恵に返事を出した。細かい理由は記さず、とにかく一度その家を離れてうちへ来てほしい。それだけを書いて、理恵がやってくるのを待った。

理恵はいつまで待っても姿を現さず、手紙も届かなくなった。

何事か起こったに違いないと確信した沖田さんは、必死に車椅子で移動し、まずは理恵の実家である金森家に向かった。

汗だくになって到着した沖田さんは、我が目を疑った。

そこで暮らしているはずの家族がいない。それどころか、家そのものがない。

近所の人に訊いて回ったが、そんな家族は知らないという返事ばかりだ。

業を煮やした沖田さんは、町に向かった。狭川家に乗り込むつもりだ。

警察を呼ばれても構わない。それならそれで全部打ち明けて捜査を頼む。

証拠になるかどうか分からないが、理恵の手紙は全て持ってきている。

辿り着いた狭川家は、気後れするぐらいの豪邸だった。呼び鈴を押し、現れた使用人に理恵の個人教師をしていたと告げ、近くに来たから会わせてほしいと頼んだ。

使用人は怪訝《けげん》そうな顔で答えた。

「理恵とはどなたのことですか。当家にはそのような年頃の娘さんはいらっしゃいませんが」

何を言っているのだ。この手紙を見ろ、住所はここになっているだろう。

そう反論すると、使用人は苦笑した。

「住所が書いてあるだけで、そこに住んでいることの証明になるのですか」

何をどう怒鳴っても無駄であった。理恵などという娘はいない、警察を呼んでもらっても結構とまで言われたら、引き下がるしかなかった。

沖田さんは、その足で市役所に向かった。当時はまだ、住民基本台帳が誰でも閲覧できた時代である。

徹底的に狭川家を調べたが、理恵どころか、今までに養女を取った過去がなかった。

沖田さんにできることはここまでだった。

何が起こったのか、理恵がどうなったのか、令和四年になった今でも皆目分からない。

一度だけ、理恵が夢に現れたことがある。

白い着物に赤い袴を着た巫女のような姿で、太くて長い線香を持っていたという。

# 座敷童子に会いたくて

富田さんには昔から夢がある。

その夢を訊くと、殆どの人は冗談だと思うらしい。

決して冗談などではなく、本心からの夢だ。

座敷童子がいる家で暮らしたい。これが富田さんの夢である。

知らない人はいないだろうが、座敷童子とは東北地方、主として岩手県に多く伝わる妖怪だ。柳田國男の遠野物語にも掲載されている。

一般的には五歳から六歳ぐらいの子供の姿をしており、悪戯好きだが、その家に富をもたらすと言われている。

危害を加えたり、怒らせたりすると家から出ていく。出ていかれた家は没落するという。

そのため、昔から座敷童子は大切にされてきた。

幼い頃から妖怪が好きだった富田さんは、その中でも座敷童子をこよなく愛した。

本に描かれた座敷童子の挿絵が、自分に似ていたからだという。

夢を叶えるには、何よりもまず金だ。座敷童子は金で買えるというのが、富田さんの持論だ。

オークション関連の個人事業が上手く当たり、ある程度の資金は用意できる。

あとは物件だけだ。座敷童子ごと家を売りたい人を探すため、富田さんは表裏問わず、ありとあらゆる伝手を辿った。

やってみて、それがいかに難しいことか身に染みて分かった。

とにかく見つからないのだ。見つかったとしても、金でどうこうできるようなものではなかった。

座敷童子がいる家が、金を払うから不幸になりませんかと言われても、了承するはずがない。

富田さんは、そんな単純なことに気付かなかった自分を恥じた。

これ以上探しても無駄と諦めかけたとき、思わぬ情報が入った。

情報源は松尾という男だ。何をやっているか分からないが、広く深く裏の世界に通じている人物だった。

松尾は、知り合いの金融業者から、富田さんの話を聞いたらしい。

富田さんの事務所に現れた松尾は、開口一番、お探しの物件は関西にもあると言った。

良ければ今から下見にと誘われ、富田さんは有頂天で松尾の車に乗り込んだ。

道すがら、物件の詳細を訊く。築年数が分からないぐらいの古い家だそうだ。

それは別に構わない。快適な居住空間を求めているわけではない。同じく、交通の便も周辺の環境も、どうでもいい。

肝心なのは、その家にいるかどうかだ。

松尾は、その辺りのことも熟知しているようで、富田さんが訊く前に話し出した。

「あくまでも噂でっせ、近所の連中も実際に見たことがないから。その家に住んでたのは大江って爺さんなんやけどね、いつ見ても上機嫌で、俺の家には座敷童子がいてるからな、幸せになるのは当たり前やって言うてたそうで。実はわし、下見に行ったときに何人か見てしもた。あれは間違いなく、あんたが言うところの座敷童子って奴や。見ただけのわしでも、こない幸せな気持ちになれるんやなぁ」

長年の夢が一気に近づいてきた。舞い上がる気持ちを抑え、富田さんは松尾が見たという座敷童子の特徴を訊いた。

松尾が言うには、とりあえず見た目は普通の子供だが、どことなく神々しい印象があったとのことだ。

ありがたいことだ、その大江という爺さんに感謝しなくては。

と、そこまで考えたところで、富田さんは気になっていたことを訊いた。

「そんな良い家なのに、その大江とかいう爺さんはよく手放す気になったな」

「なんぼ幸せでも死ぬときは死にまっせ。売りに出したのは遺族ですわ。家具付きでどうですかって。少しでも遺産を増やしたいんやろな。始末する手間も省けるし、浅ましいこっちゃ。ま、おかげで富田はんが幸せになれるんやけどな」

正にその通りである。自分の気持ちを代弁してもらった気がして、富田さんは心の底から笑ったという。


それから半時間ほど走り続け、車は漸く目的地に到着した。

静かな住宅地だ。古い家ばかりである。空き家も目立つ。活気に満ちていた頃もあっただろうが、もうどうにもならない街だ。

だがそれは、富田さんにとって好条件である。値段交渉の際、強気に出る武器にできるからだ。

そもそも、富田さんはこの街で暮らす気はない。週末だけ座敷童子と過ごし、幸せになる別荘として買うだけだ。

今現在暮らしている高級マンションを手放す訳がない。あくまでも別荘は別荘。

割り切った目で眺めると、何とも素敵な街並みに見えてきたという。

松尾が案内した家は、確かにかなり古びていた。それはそれで座敷童子の住み家には良いのかもしれない。

「あ、富田はん。えらいすんまへん。先に行っといてもらえます？　電話一本入れるの忘れてましたわ」

言うなり松尾は電話を掛け始めた。待っていても仕方がない。富田さんは玄関に向かった。松尾から預かった鍵でドアを開け、足を踏み入れる。その瞬間、富田さんは濃厚な気配を感じた。

「これはいる。確実にいるよな」

思わず喜びが声になって漏れた。振り向くと松尾はまだ車内だ。富田さんは家の中へ足を進めた。

靴のままで良いと言われていたが、つまらないことで座敷童子の機嫌を損ねたくない。懐からスリッパを取り出し、履き替えた。とりあえず廊下を奥へ進む。事前に聞いた情報だと、居間があるはずだ。

あと数歩というところで、いきなり居間で笑い声がした。明らかに子供の笑い声だ。やった。俺は歓迎されている。

そっと居間を覗くと、ソファーの上に子供が座っていた。しかも三人だ。三人とも五歳ぐらいに見える。

男の子と女の子が二人、着物ではなく全員が普通の洋服だ。

三人は一斉に顔を上げ、富田さんを見つめた。整った美しい顔立ちだ。松尾が神々しい印象といったのも理解できる外見である。

三人は輝くばかりの笑顔を見せ、掻き消すように姿を消した。

富田さんは、感動のあまりしばらく動けずにいた。

初めて見た座敷童子の美しさを脳内で反芻しつつ、玄関に戻った。この家の売り主の気持ちが変わらないうちに、早く売買契約を結ばなければ。

それしか頭に浮かんでこなかったという。

呆れたことに、松尾はまだ電話中だった。富田さんが近づいたのに気付き、松尾は漸く電話を切った。

「えらいすんまへん、長引いてしもて。ほな行きましょか」

「いや、もういい。早く契約を済ませたい」

「え。あ、もしかしたら見はったんですか、座敷童子」

大袈裟に頷くと、松尾は自分のことのように喜んだ。

「座敷童子、一人やなかったでしょ？」

富田さんが驚いた様子で分かったのか、松尾は話を続けた。

「近所の人が言うには、大江の爺さんが増やしたそうですわ。どないしてやったんでしょうな」

増やせるのか。凄いな、それは。何とかして方法を知りたいものだ。松尾に依頼してもいいが、そんな貴重な情報を任せられる相手には見えない。

ここで暮らし始めたら、付近の住民から訊けばいい。

今後の予定をざっくりと組み立て、富田さんは松尾とともに自分の事務所へ戻った。

契約を済ませ、今後のことを決め、とんとん拍子に夢が叶ったことに感謝の言葉を伝え、富田さんは松尾を見送った。

その夜は嬉しさのあまり、眠れなかったという。


翌日。

週末まで待てずに、仕事を終えてから富田さんは座敷童子に会いに行った。

松尾に頼んで、電気は開通してもらっている。電灯を点け、ソファーで待っていると、子供の笑い声にいきなり包まれた。

驚いて周りを見渡している間に、三人が目の前に立っていた。

なるほど、座敷童子は悪戯好きだな。思わず、富田さんは頬を緩めた。

やはり、何度見ても神々しい姿だ。これを妖怪と呼ぶなど、畏れ多いことだ。

富田さんは敬意を込めて、三人の座敷童子に頭を下げた。三人はくすくすと笑って応えてくれた。

こうして、富田さんの幸せな暮らしが穏やかに始まった。


翌朝、富田さんが家から出ると、通りを掃除していた女性が声を掛けてきた。

「おたく、この家買ったの？」

「あ、はい。富田と言います。御挨拶は落ち着いてからと思ってまして」

「そんなの構わないわよ。ねぇ、大丈夫だった？　よく買ったわねぇ」

「何がですか」

女性は辺りを見渡してから、声を潜めて言った。

「出たでしょ、子供の幽霊」

幽霊とは何という失礼な認識だろう。富田さんが、何と切り返してやろうか迷っている間に、女性は更に話しかけてきた。

「気を付けてね、あの家買うぐらいだから、それなりのことは済まされてるんだろうけど」

色々と詳しそうな人なのは確かだ。富田さんは、松尾の言葉を思い出した。大江の爺さんが座敷童子を増やした方法が分かるかもしれない。

「あの、ここに住んでらした大江さんて御存知ですか」

「もちろんよ。その前に住んでた人も知ってるわよ」

初めて耳にする情報だ。松尾も知らなかったのだろうか。いや、そんなはずはない。記録を調べたらすぐに分かることだ。

「……この家って、何人か持ち主が替わってるんですか」

「あなたで確か、ええと六人目」

六人。そうなると松尾は知っていなければおかしい。

「変なこと訊きますけど、大江さんて方は座敷童子と思ってたんですよね」

「そうなのよ。最後の最後まで、そう言い張ってて。それどころか、わしは座敷童子を増やせるんだぞって」

「それってどうやって」

「あの爺さんが言うわけないじゃない。全部で五人に増やしたって言ってたわよ」

いよいよ訳が分からなくなってしまった。色々と教えてくれたことに礼を言い、富田さんはその場を離れた。

徒歩で駅に向かいながら、今の会話を反芻してみる。

近所では幽霊と認識している。持ち主が六人も替わっている。大江は座敷童子と言い張り、方法は分からないが五人に増やしたらしい。

そしてその全てを松尾は事前に知っていたはずだ。


翌日、富田さんは事務所に松尾を呼び出し、全ての疑問を投げつけた。

松尾は悪びれもせず、朗らかに答えた。

「いやぁ、全然知りませんでしたわ。で、それが何か。富田はん、座敷童子に会えて物凄く幸せになれたんでしょ」

返す言葉に詰まった時点で、富田さんの負けであった。

「脇から色々言われても、結局のところ、座敷童子の力を信じる人のほうが勝ちですやろ。亡くなられた大江さん、笑顔で死んでたそうでっせ」

「それは……そうだけど」

「ほたら、わたい色々と手続きが忙しいんで、失礼しまっさ」

結局、何一つ解明されないまま、週末を迎えてしまった。

富田さんは、あの家に行こうか行くまいか、迷った。

だが、その瞬間、座敷童子の笑い声が脳内に響き渡った。

ああ、そうだ。俺には座敷童子がいる。頑張って、残り二人の座敷童子も探さなきゃ。

ふと気付くと、何度もそう呟いていたそうだ。


今でも富田さんは、座敷童子の家で暮らしている。本宅だったマンションは売り払い、事務所も閉鎖し、無職となって引きこもっている。

四人目の座敷童子は押し入れの天袋に隠してあったそうだ。

五人目は多分、床下に埋めてあると思う。今度掘り返してみるよ。

富田さんは、明るい笑顔で言った。

# 留学生

二十年程前のこと。

日下さんは、関西のとある外国語大学に通っていた。海外との交流も盛んで、結構な数の交換留学生がいる大学だ。

彼ら留学生は、授業のみならず部活動にも積極的に参加していた。

日下さんが所属していたのは、オカルト研究会。オカルト研究と銘打っているが、小難しいことはやっていない。

怪奇小説や漫画、ホラー映画について語り合うマニアの集まりだ。鑑賞だけでは物足りず、心霊スポットに足を運んだりもしていた。

ある年の春、一人の留学生がオカルト研究会を訪ねてきた。会の創立以来、初めての留学生である。

会員達が何事かと身構える中、マイケルという名の留学生は、流暢な日本語で自己紹介を始めた。

マイケルは、ジャパニーズホラーの愛好家であった。映画を漁るうち、心霊物の動画に行きつき、日本ならではの心霊現象に興味を持ったのだという。

そんなマイケルの夢は、自分の目で心霊スポットを見ることだった。日本に留学が決まったときには、小躍りして喜んだらしい。

自己紹介の最後に、マイケルは真剣な顔で皆に言った。

「私を心霊スポットに連れていってください」

研究会全員が爆笑し、任せておけと胸を叩いた。

それぞれが取って置きの場所に連れていき、マイケルにとって夢のような日々が続いた。

もちろん、日下さんも負けてはいない。わざわざ、京都にまで足を延ばしたという。

こうしてマイケルは、心ゆくまで日本の心霊スポットを堪能し、帰国した。

それから半月後、オカルト研究会宛にマイケルから分厚い郵便が届いた。

中身は手紙と束ねられた写真である。

代表して、日下さんが手紙を読み上げた。

帰国する前に、マイケルは一人きりで心霊スポットを訪ねたらしい。

会員の皆に連れていってもらった中でも、一番怖くて独特な雰囲気を持つ家だとある。

まるで映画の登場人物になった気分で進んでいくと、先客がいた。

和服姿の美しい女性だった。二人並んで家の中を見て回り、再会を約束して別れたと書いてあった。

その後は、マイケルの地元の町の紹介や、最近見た映画についての感想が書き連ねてあった。

「いつかまた必ず日本に行くから、そのときはまた心霊スポットを回りましょうだとさ。以上、終わり。写真見ようぜ」

写真は二つに分けて束ねてあった。まずは最初の束だ。

最後に訪ねたという心霊スポットで撮影したものだ。その場にいた全員が見たのだが、妙なことに誰もその場所に心当たりがない。

「これ何処？」

「知らん。見た感じ、京都のあの家っぽいけど違うな」

そこで出会った和服の女性も写っていたが、それを見た皆が騒然となった。

「あかん奴や」

「これ、ヤバいで」

「向こう側透けてるやん」

「マイケル、何で気付かへんのや」

最後の最後に本物を引き当てた実力を絶賛し、次の束を見ていった。マイケルが暮らす街並みの写真だ。

南部の田舎町らしい、穏やかな風景である。映画にでも出てくるような家の前で、マイケルが家族とともに写っている。

その中に和服の女性がいた。次の写真はマイケルの自撮りだったが、当然のように隣にその女が立っていた。

どうやらマイケルについていったらしい。

そのまま放置しておくのは危ないだろうということで、日下さんがマイケル宛にメールを送った。

これこれこういう事態になっている。早く、御祓いに行ったほうがいい。

と、そこまで書いて気付いた。南部の田舎町に、日本の霊を御祓いできる人材がいるだろうか。寺はないだろうから、教会になるだろうが、果たして効果はあるのか。

色々と悩みながらメールを送った。

結局、メールは返事がなく、連絡も取れなくなった。今現在、マイケルも、あの女もどうしているか不明である。

# 七五三の写真

及川家は三人家族である。

一人息子の大輝君は、素直で人懐こい性格の子だ。夫の孝治さんに似て、愛嬌のある顔立ちだった。

大輝君が五歳になった年。及川さんの母親が、愛する孫の七五三を祝いに来たときのことだ。

お参りを済ませ、帰宅してから及川さんはデジタルカメラの画像を印刷した。母親への土産である。

渡された写真を見ていた母親が、手を止めて呟いた。

「何これ。気味が悪い」

眉を顰《ひそ》め、写真を一枚差し出してきた。受け取って眺めてみる。別に変わった点はないように見える。

何処がおかしいか訊くと、母親は僅かに言い淀んでから答えた。

「大輝君の後ろに誰かいるのよ」

何を言っているのだろう。失笑を浮かべながら、及川さんは改めて写真を調べた。やはり何もない。

苛立った母親に指で示されたが、ないものはないとしか言えない。撮影場所は神社の境内。周りに人はいなかった。

母親は眉間に皺《しわ》を寄せ、他の写真を調べている。

「ほらここ。これなら見えるでしょ」

そう言いながら母親がテーブルに置いたのは、帰宅後に室内で撮った一枚だ。母曰く、同じような人影が薄っすら写っているらしい。

それは今、二人がいる部屋だ。当然ながら、家族以外に誰もいない。

及川さんがどう言おうと、母親は譲ろうとしない。取り憑かれたように写真を調べていたが、何かを思いついたらしく声高に言った。

「今まで撮ったのも見せなさい」

それは全て印刷して送っている。何か写っていたら、もっと早くに気付いているはずだが、逆らっても仕方ない。及川さんは自室からパソコンを持ってきた。

出産直後から始まり、お宮参り、初めて砂場で遊んだ近所の公園、保育園の入園式、遊園地への家族旅行、誕生日など全て保存してある。

とりあえず、操作方法を教え、及川さんは昼寝中の大輝君の部屋に向かった。

まだしばらくは昼寝から覚めそうにないことを確認し、居間に戻ると母親が口を開けたまま画像を見ていた。

「どう？　変なのあった？」

返事がない。

「母さんてば」

その途端、母親の口から大量の血が溢れ出た。

あまりのことに唖然として固まる及川さんの目の前で、母親はゆっくりと床に転がった。

搬送先の病院で、母親は意識が戻ることなく亡くなってしまった。

吐血の原因は分からないが、胃に大きな穴が開いていたという。また、血管が脆くなっていたせいか、身体中に内出血があったそうだ。

直接の死因は脳出血であるため、それ以上深くは調べられなかった。

本来なら、実家に遺体を運んで葬儀一切を執り行うべきだが、時間的に余裕がない。

葬儀会館を借り受け、通夜から葬儀までを済ませることにした。

通夜の最中、及川さんはパソコンがそのままだったことを思い出した。

放置しておいても不都合はないが、帰宅したときに見ると、母親を思い出してしまうかもしれない。

斎場から自宅まで、車で十分程度だ。夫に、荷物を運ぶついでに片付けてほしいと頼む。

十数分後、夫からメッセージが届いた。

『全部の画像に変な男が写ってんだけど。これ、何?』

『全部の画像って大輝の?』

『そう。何かこいつ、頭と身体のバランスが変。画像送るから見て』

いつまで待っても画像は送られてこなかった。

それが夫の最後のメッセージになったからである。

夫は、母親と全く同じ状態で死んでいた。


その日以来、及川さんは大輝君の写真を撮っていない。

パソコンも処分した。その判断が良かったせいか、今のところ何も起こっていない。

不安な要素は山ほどある。何故、大輝君の写真にだけ現れ、それが見えた者だけが死ぬのだろうか。

今後、大輝君が成長し、友人が撮影することもあるだろう。履歴書や運転免許証などの証明写真も必要になる。
そういった写真全てに同じことが起きてしまったらどうしたらいいのだろう。
そもそも、何故こういうことになったのか。
全く見当が付かない。誰に訊いて良いのかすら分からない。
それでも、諦めるわけにはいかない。何となくだが、発端は七五三のような気がする。
及川さんは、あの日印刷した写真を今日も見つめている。
幸か不幸か、未だに何も見えない。

# お前が言うな

峰岸さんは子供の頃から、何かを観察することが大好きであった。

蟻の巣や、向日葵《ひまわり》などを経て、中学校では人間の観察が趣味になった。

何かが変化し、それがまた他の何かを変化させていく。そういった流れを掴むと、この世の真理に辿り着ける気がしたのだという。

崇高な思想に基づいてはいるものの、実際にやっているのは至って気楽なものである。

隣のおじさんの禿げの進み具合とか、向かいの奥さんの化粧の濃度、同級生の片思いの進捗状況等々、要するに己の好奇心を満足させるのが最優先だ。

おじさんの禿げがこの世の真理に繋がるかどうかは別として、退屈しのぎには最適の趣味と言えた。

社会人になっても、この趣味は続いていた。より一層、マニアックになったと言っても過言ではない。

その中で、何年も続いている観察がある。

峰岸さんの自室から、隣の家の庭が見下ろせる。

立派な松の木が生えているのだが、その一番太い枝で首を吊っている女が観察対象である。発見してから七年になる。以前、ここは更地だった。家が建ったのが七年前、この松の木はそのときに植えられたものだ。

隣家の奥さんに訊いたところ、旦那さんの実家から持ってきたそうだ。

正確な樹齢は分からないが、先々代の頃には既にあったという。庭の一角を潰して駐車場を造った際、引き抜かれたらしい。

建材には向いていないので、ここの庭に植樹したとのことであった。

峰岸さんも植え替え工事を見ていた。観察マニアとしては当然である。

綺麗な枝ぶりを感心して眺めていたのだが、おかしなものに気付いた。

女がいる。太い枝に結わえた縄で、首を吊っている。

周りにいる人には見えていないようで、すぐ近くで作業したり、話し込んだりしている。

そんなものを見たのは生まれて初めてであり、まずはそのことに驚いた。次は、意外と冷静に見ている自分に呆れた。

怖いというよりは不思議だった。あまりにも非現実的で、まるでテレビでも見ているようだ。

そのせいだろうか、自分には害がない気がする。こうなったら覚悟を決めるしかない。

峰岸さんは観察を始めた。

女は、髪の毛を後ろで束ねている。所謂ひっつめ髪という奴だ。

着ているのは和服。詳しくはないが、それほど高級そうな物には見えない。

見下ろす状態で観察しているため、それぐらいしか分からない。峰岸さんは、思い切って外に出た。

自宅の庭に回り、そっと隣家に近づく。死角から覗くつもりだ。

女が他人を認知できるのかは分からないが、万が一を考えての行動だった。

観察対象は刺激しないというのが、峰岸さんのモットーである。

かなり近づいたが、女はぶら下がったまま動こうとしない。首を吊った人間の顔がどうなるか、初めて知った峰岸さんは堪らずに呻いた。

幸いというか、女はそれでも動かない。

少し落ち着いた峰岸さんは、その場を離れて自室に戻った。間近に見たおかげで、疑問点が次々に湧いてきた。

見た目で判断すると、自殺はかなり前だろう。では、時が流れ、場所が変わっても出現するのは何故か。

あの木が媒体となって、霊を縛り付けているのだろうか。

そもそも、何が目的で出るのか。恨みが理由なら、場所が変わっても出てくるのはおかしい。恨む相手の前に出ればいい。

恨む相手が、既に死んでいたらどうするのか。というか、死んだかどうか分かるのだろうか。

何から何まで不明なままだ。峰岸さんにとって、疑問は最高の娯楽だ。

俄然乗り気になった。


それから七年が経つ。

相変わらず、女はいる。姿形に変化はない。日々、淡々と首を吊っている。

峰岸さんのほうには変化が出てきた。社会人になり、幾度か恋をし、添い遂げたい人が現れた。

今日はその添い遂げたい彼が、初めて両親に挨拶に来ることになっている。

反対される要素はないから、結婚まで進むだろう。

そうなると、家を出て嫁いでいかねばならない。

名残惜しいが、この女の観察はそこで終わりだ。

その夜、無事に挨拶を済ませた彼が、峰岸さんの部屋に入ってきた。

興味深げに部屋を見渡していた彼は、窓に近づき外の景色を眺めようとした。

「うわっ、何だあれ、大変だ」

え。この人、見えるのか。どうやって話を合わせよう。驚いて泣いたりしたほうが良いのだろうか。

峰岸さんは対応に迷い、言葉を失った。

その様子に驚いた彼は、慌てて言った。

「あ、ごめんね。怖がらせて。僕、昔から変なものが見えちゃって」

峰岸さんは、申し訳なさそうに謝る彼に、何が見えたか訊いてみた。

「うーん……どうしても聞きたい？　あの一番太い枝で、首を吊ってる女の人がいるんだよ」

その夜、彼が帰ってから、峰岸さんは改めて女を見た。

今までにも、私や彼のように見える人がいたんだろうな。

「でも、誰も供養とかしてあげなかった。だからまだ、あそこにいるのかも」

そう言った途端、女が顔を上げた。

七年目にして初めて、目が合った。

続いて女の唇が動いた。首を吊っているためだろう、声にはならない。

何を言ったのか分からないまま、女は元の姿勢に戻った。

その瞬間、峰岸さんは自分が何をしてきたか、明確に理解した。

そこにいるのが分かっているくせに、七年間何もせず、ただ己の好奇心を満たすためだけに観察を続けてきた。

誰も供養とかしてあげなかった、とはよくも言えたものだ。

その日以来、峰岸さんは観察を止めた。

隣の家に、どう説明していいか分からなかったので、女の供養はしていないそうだ。

# 無責任男

去年のこと。

香坂さんは自宅の改装を控え、短期契約のマンションを探していた。期間は凡そ三カ月、家族三人が暮らせる広さがあればいい。当然、賃料はできるだけ安くが条件だ。

適当なところで妥協しても問題はないのだが、たとえ三カ月でも、家族には快適に過ごしてもらいたい。

家族の幸せを守り抜くことが、一家の主としての責任。それが香坂さんのモットーである。

徹底的に探し回った結果、これならばと満足できる物件が見つかった。駅まで徒歩十分、近くに商業施設も病院もある。

駐車場込みでも、予算内で収まる。早速、契約を済ませ、引っ越し完了。

やや古びてはいるが、外観は問題ない。室内も概ね満足だ。新しい畳の匂いが心地良い。

妻も娘も気に入ってくれたようだ。その夜は外食にすべく、一家揃って周辺の散策に出た。

時刻は午後七時。香坂さんは、マンションの玄関脇に立つ小さな女の子に気付いた。

家族の帰りでも待っているのか、時々背伸びして通りの向こう側を見ている。微笑ましくも切ないその姿に、香坂さんは思わず声を掛けてしまった。

「お母さん待ってるのかな。早く帰ってくるといいね」

女の子は、通りから目を離そうとしない。無視された香坂さんは女の子に優しく微笑みかけ、先を行く家族を追った。

良い感じのイタリア料理店で、ゆったりと食事を済ませて帰ると、先ほどの女の子が同じ場所にいた。

可哀想にな、色々と家庭の事情もあるだろうが、早く帰ってきてやれば良いのに。

そう思いながらエレベーターに乗り込む。

「こうやって家族揃って外食できるだけでも、我が家は幸せだな」

思いが自然と言葉になった。妻と娘の呆れ顔に、香坂さんは満面の笑みを返した。

翌朝、香坂さんはいつもより少し早めに家を出た。出がけに、何げなく玄関脇を見る。

当然ながら、女の子の姿はない。

昨日は何時頃まで待っていたのだろう。天気予報では、この一週間は例年より気温が低いと言っていた。それなのに、あの女の子はTシャツとスカートだった気がする。あれじゃ寒いだろうにな。

一度見かけただけの女の子のことを考えながら、香坂さんは駅に向かった。

その日は得意先から直帰だったため、いつもより早く帰宅できた。夕暮れ時の商店街をのんびりと通り抜け、マンションへ。

あと数メートルで玄関というところで、足が止まった。

昨夜の女の子が立っている。同じ場所、同じ姿勢、同じ服だ。昨日は通りすがりにチラリと見ただけだから、詳しい様子が掴めなかった。

よく見ると、傷や痣だらけだ。服も薄汚れて、所々焼け焦げたような丸い穴が開いている。煙草の火を押し当てたらできそうな穴だ。同じサイズの火傷の痕が、二の腕や手の甲に残っている。どう考えても、この子が虐待されているのは明らかだった。

自分にできることは何か。香坂さんは悩みに悩んだ末に答えを出した。

決めた。この子を連れていく。とりあえず保護して、警察に相談して、そこから先はそのときに考える。

善は急げとばかりに、香坂さんは女の子の前にしゃがみ込み、取っておきの笑顔を見せた。

何か話しかけようとした香坂さんは、そのとき初めて異変に気付いた。

この子、薄いな。

正面から見ると普通に見える。ところが少し横から見ると、まるで厚みがない。薄紙一枚分ですらない。

あ、もしかしたらこれ、霊って奴か。

理解した途端、唐突に恐怖心が湧いた。香坂さんは慌てて立ち上がり、女の子から離れた。

女の子は香坂さんに興味がないらしく、相変わらず通りの向こう側を見ている。

香坂さんは、そっとその場を離れ、エレベーターに向かった。

時折、背後を確認したが、女の子はその場に立ったままだ。マンションの前を通り過ぎる人達には、まるで見えていないようだった。

そういえば初日に外食したとき、妻も娘も反応していない。子供好きで、世話をやくのも好きな妻が、完璧に無視していた。

これはもう仕方ない。下手に関わらないほうが良い。自分に言い聞かせ、香坂さんは自宅に戻った。

その夜、香坂さんは妻の手料理に舌鼓を打ち、娘と一緒に風呂に入り、幸福を満喫して床に就いた。

　窓の外を木枯らしが駆け抜けていく。恐らく、気温は一桁だろう。

　そんな中、あの女の子は立ち続けている。

　僕がこうやって、ぬくぬくと布団にくるまっている中、朝まで誰かを待っているのだ。恐らく、この先もずっと。

　涙が溢れて枕を濡らす。

　やはり、このままでは駄目だ。とにかく、事情だけでも探ろう。その上で可能ならば、あの子を我が家に連れていこう。

　決意して目を閉じた。その夜、香坂さんは女の子の夢を見たという。妻と娘とあの子が、クリスマスツリーを囲んで楽しそうに笑っていた。


　善は急げだ。幸い、翌日は休日だった。

　朝食を終えた香坂さんは、思い切って妻に相談を持ちかけた。

　信じてもらえないとは思うが聞いてほしい。マンションの前に女の子がいる。その子は虐待されて亡くなった可能性が高い。

　このままだと、ずっとあの場所から離れられないだろう。僕達と過ごすことで家族の愛に触れたら、天国に旅立てると思う。

熱意を込め、妻に思いの全てを打ち明けた。

小首を傾げ、しばらく黙っていた妻が、まっすぐに香坂さんを見据え、口を開いた。

「Tシャツとスカートの子でしょ。煙草の火傷だらけ。顔も身体も、傷と痣で覆われてる。ガリガリでお腹だけ膨れてて。髪の毛、無理矢理引き抜かれたみたいに、円形のハゲがあちこちにある」

ぽかんと口を開けたままの香坂さんに、妻は大袈裟な溜め息を投げつけた。

「あのさ。その子をどうやって連れてくの。あなた、見えるだけでしょ。そんな技術を持ってるの？　そもそも、あの子の名前すら分からないのよ。いつ死んだかも分からない。そういった全部を何処で調べるつもりなのよ。万が一、奇跡的にあの場所から引き剥がせたとして、成仏できるまで家に置いとくの？　あたし、とことん嫌だからね。どうしてもって言うなら、娘連れて実家に帰るわ」

一々尤もな言い分だ。反論の糸口すら見つからない。ぐうの音も出ないとはこのことである。

香坂さんが土下座せんばかりの勢いで謝り、この話は打ち止めとなった。

その日以来、香坂さんは早足で玄関を通り抜けることにした。

三カ月が経ち、リフォームが無事に完了した。
香坂さんは真新しい自宅でくつろぎながら、呟いた。
あの日、妻の言うことを聞いといて、本当に良かった。
今ここに、あんな子がいたら、堪ったもんじゃないわな。
とにかく、家族の幸せは守らなきゃ。それが主としての責任だもんな。

# 同情

樋口さんが大学生になって三年が経つ。

将来の夢は、高校の英語教師。その実現に向け、一心不乱の毎日を過ごしていた。

裕福ではない母子家庭に育ったため、奨学金を借り、勉強の合間にはアルバイトに精を出す。遊ぶ暇など一秒もない。

絵に描いたような苦学生である。それでも腐らずにやれるのは、偏《ひとえ》に母親が頑張る姿を見てきたからだった。

このところ、専らやっているアルバイトはハウスクリーニングである。母の知り合いが専門の業者だったため、都合のいい日程でシフトを組んでくれる。

営業や接客と違い、ひたすら無心に作業に没頭できる点が心地良い。

やっただけの成果が目に見え、依頼者から感謝される。言うことなしだ。こうやって樋口さんは、学生ながら清掃のプロフェッショナルに育っていった。

その日も樋口さんは、ハウスクリーニングの仕事に向かっていた。

ただし、今回は個人的に受けた仕事だ。同じゼミの村田という女性から直で受けた依頼である。

学生食堂でハウスクリーニングの話をしているところを見ていたらしい。

村田の依頼は借りているマンションの掃除。一週間ほど海外旅行へ行くため、その間に仕上げてほしいとのことだ。

二、三日で終わっても、一週間分の料金を支払ってくれる約束である。樋口さんが張り切ったのも無理はない。

聞いていた住所に辿り着いた樋口さんは、思いのほか豪華なマンションに驚いた。学生が住むような建物ではない。

再度確認したが間違いないようだ。半信半疑で押したオートロックの暗証番号は、見事に通用した。

管理人には話を通してあるとのことだったので、窓口に声を掛ける。

村田の名前を出し、事情を説明すると、管理人の男性は愛想よく通してくれた。

とりあえず現場に向かう。

村田は、ちょっと部屋の中が荒れてるかもと照れ臭そうに笑っていた。

解錠したドアを少しだけ開ける。最初に鼻腔に突撃してきた香りは、化粧品だった。次に食品が腐敗しているような臭い。

その次がカビ臭だ。これだけで室内が容易く想像できた。外面は綺麗でも、中身は腐っている。樋口さんには、この部屋が村田そのものに思えた。

本当なら今日は、ゼミ仲間と研究発表の打ち合わせだった。急なアルバイトが入ったと詫びたところ、こんなことを教えられたのだ。

「ここだけの話、あの人かなり凄いよ。高校一年のときからホストに貢いでるんだって。そのホストの子供生んだけど、虐待して殺したとか」

「何でそんなことまで分かるのよ」

そう言って、樋口さんが苦笑すると友人は真剣な顔で答えた。

「この大学に、あの子と同じ高校の出身者がいるの。その子に教えてもらった。親がとんでもない金持ちだから好き放題やってるって。虐待して殺しちゃったのもお金で何とかしたらしいよ」

男遊びにうつつを抜かし、挙げ句の果てに子供を殺したくせに、こんな素敵なマンションに住んで、何不自由もなく海外旅行に行ける。

世の中にはそんな人間もいるのだ。考えるな、腹が立つだけ損だ。今は金を稼ぐとき。

樋口さんは己に言い聞かせ、ドアを開けた。

目の前に広がる光景は、所謂汚部屋だった。ありとあらゆる種類のゴミが確認できる。生ゴミ、破砕ゴミ、粗大ゴミ、ペットボトルに空き缶、衣服、雑誌。

こんな場所でも人間は生きていけるのかと感心しながら、樋口さんは作業を始めた。

こういった作業のコツは、無心になってひたすら手を動かすことだ。種類別にまとめ、ひとところに片付けていく。

幸いなことに、種類は豊富だが量そのものは思ったよりも少ない。安心してゴミ収集日に出せる程度だ。

開始してから二時間が経過し、台所とダイニングルームは片付いた。シンクや換気扇の汚れは意外なほど目立たない。滅多に使わないからだろう。

この点は大いに助かる。次は居間だ。ここも似たようなものだが、衣類が多い。服だけではなく、下着も脱ぎっぱなしだ。

どちらも見ただけで高価な物と分かる。洗濯までするつもりはない。ざっくり畳んで片隅に積む。

次はクローゼット。ドアに妙な紙が貼ってある。込み入った図柄と見たこともない文字だが、所謂御札に思えた。

首を傾げながらドアを開けると、中に全裸の赤ん坊が座っていた。

自分が見ているものが赤ん坊なのは分かる。そこにいる理由が分からない。

言葉をなくし、立ち竦む樋口さんの目の前で、赤ん坊はふらふらと立ち上がった。

ガリガリに痩せた身体が見て取れる。女の子だ。二歳、いやもっと小さいかもしれない。

赤ん坊は樋口さんの膝にすがりつこうとした。

その瞬間、この赤ん坊が既に死んでいるのが分かった。樋口さんの膝を掴めずに、すり抜けてしまったのだ。

赤ん坊が通り抜けた後の膝は、氷のように冷たくなっている。赤ん坊は再びふらふらと立ち上がり、何度も樋口さんに掴まろうとする。

その度、失敗し、倒れ込む。自分がどんな状態なのか分かっていないようだ。

どうしよう、どうしたらいいんだろう。

泣きそうになって辺りを見回す。先ほどの御札が目に入った。

もしかしたら、ここに封じ込めるのかも。樋口さんはクローゼットの前に立ち、赤ん坊を誘導した。

思った通り、足をすり抜けた赤ん坊は、クローゼットの中に倒れ込んだ。必死でドアを閉めると、やはり赤ん坊は出てこられないようだ。

樋口さんは、へなへなと座り込み、深呼吸を繰り返した。いつの間にか、自分が泣いているのに気付いた。

音を立てないように少しずつ立ち上がり、そっとクローゼットから離れる。

台所に戻り、樋口さんは自分に問いかけた。

あれはクローゼットから出てこられない。開けなければ大丈夫。さっきだって開けなければ無事に掃除は終わってた。

どうするあたし、このまま掃除を続けられるか。金を稼ぐ気力は残っているか。

小さく頷き、樋口さんは掃除を続行した。

残っているのは二部屋だ。寝室と、恐らくは趣味の部屋。ブランド品のバッグや服が買ってきた状態のままで積み上げられている。

まずは寝室。やたらと甘い香りがするベッドには、大人の玩具らしき物体が転がっている。紐同然の下着も脱ぎ捨ててある。

寝室にも居間と同じタイプのクローゼットがある。御札が貼ってあるのも同じだ。とりあえず樋口さんは、心を無にして掃除を続けた。

あらかた終えた後、じっとクローゼットを見つめた。少し躊躇《ためら》った後、樋口さんはドアを開けた。

中に生まれたばかりと思われる赤ん坊が転がっていた。

慌ててドアを閉め、樋口さんは寝室から転げ出た。

「何よ。何なのよ、ここは」

思わず声が出た。最後の部屋には押し入れがある。そこにも御札が貼ってあった。

樋口さんは声を出して泣きながら掃除をやり遂げた。

いつものように完璧な仕上がりとは言えないが、整理整頓はできている。ゴミもまとめた。完了と言っても差し支えないレベルだ。

とりあえずその日は終わりにした。

それから数日を掛け、樋口さんは作業を進めた。クローゼット二つと押し入れは視野に入れず、何か聞こえても反応しないようにイヤホンで音楽を聴きながら、手を動かした。ゴミをそれぞれの指定日に出し、見違えたようにすっきりした部屋を磨き上げ、樋口さんは仕事を終えた。

最後にもう一度、全ての部屋を確認する。

綺麗になった分、御札が目立ってしまう。この中にいるのは、恐らく村田が虐待して殺した我が子だろう。

こんな母親の下に生まれたせいで、ずっと封印されて。仏壇も位牌も見当たらないってことは、供養もされてないんだろう。

生きてる間も死んだ後も放置されているわけだ。考えれば考えるほど不憫《ふびん》でならない。

樋口さんは一旦部屋を出て、線香を買ってきた。赤の他人が、ほんの一度だけ焼香をあげたところで、気休めにもならないかもしれない。

それでも、そうせずにはいられなかったという。

仏具までは買えなかったから、コーヒーの空き缶に差し込んで火を点けた。

線香の煙がまっすぐ上っていく。香りが部屋中を満たしていく。目を閉じて合掌し、ひたすら成仏を願った。

すぐ近くで微かな音がする。ふと目を開けた。一瞬で鳥肌が立つ。クローゼットの御札が剥がれようとしている。

樋口さんは慌てて立ち上がり、玄関に走った。靴を履いてから、線香がそのままだったことに気付いた。

短くなったら缶の中に入るだろう。その時点で消えるはずだが、万が一火事になったら人生が終わってしまう。

唇を噛みしめて部屋に戻る。線香は消えていたが、クローゼットのドアは開いていた。

そこから、先ほど見たあの子が顔を覗かせていた。

寝室のクローゼットも押し入れも開く音がしている。

樋口さんは悲鳴を上げ、靴を持ったまま部屋から飛び出した。

無我夢中で自分のアパートに戻り、呆然と座り込む。小一時間ほど経ったとき、樋口さんは自分の過ちに気付いた。

同情してはいけなかったのだ。

あの子達にとって、それは唯一無二の愛情だった。

そんなことをしたから、三人全員がこの部屋についてきてしまった。

樋口さんは目の前の赤ん坊達を見つめながら、今夜はどうやって寝ようかなと考えていた。

夜を徹し、色々と試してみたが、どうしても消えない。諦めた樋口さんは、漫画喫茶に逃げた。

部屋に戻ると、赤ん坊がしがみついてくる。それを避けながら、服を着替え、学校やバイトに出かける。

夜はそのまま、漫画喫茶で過ごす。その繰り返しだ。

一週間後、村田は日焼けした笑顔で学生食堂に現れた。

鍵を返すと、村田は大袈裟に礼を言って頭を下げ、財布から現金を抜き出してテーブルに置いた。

「ありがとねー、大変だったでしょ。助かったから一万円多く渡しとくね」

楽しそうな村田に向かって顔を突き出し、樋口さんは声を荒らげた。

「あれ、どうしたら出てくのよ。あんたのガキでしょ。何とかしてよ」

村田は笑顔を崩そうとしない。

「怖っ！　ガキってなぁに？　あたし、子供なんて生んだことないし」

樋口さんが尚も睨みつけると、村田は困ったような顔で言った。

「お土産あげようと思ったけど、何かムカつくし止める」

村田はわざとらしく頬を膨らませ、バッグから何か取り出した。見ると、クローゼットに貼ってあった御札だ。

樋口さんが止める間もなく、村田は御札を破った。

「貼り合わせたら使えるかもー。じゃあね。ほんと、色々とありがとね」

驚いたことに、村田はその日を最後に大学を中退し、マンションも引き払った。

噂によると、海外に留学したとのことだ。

赤ん坊は部屋の中をうろつき、樋口さんに取りすがろうとして泣きわめく。

何枚か御札を買ってきたが、全く役に立たなかった。

村田が使っていた御札は、恐らく金に糸目を付けずに手に入れた高性能なものなのだろう。

破れた時点で効果はなくなったらしい。貼り合わせてみたが、無駄であった。

新居に引っ越してみても、当然の如く赤ん坊はついてきた。

今現在、樋口さんは夢も人生も全て諦め、毎日をだらだらと過ごしている。

# 失神する聖女

荻野さんは正義感に満ち溢れた女性である。

幼い頃から、お年寄りを助け、泣いている子を慰め、イジメっ子に立ち向かい、正に正義の味方だった。

父親は、そういう行いを誇りに思うと褒め、何かあれば矢面に立ってくれた。

母親は心配しながらも子供を信じ、自主性を重んじてくれた。

そんな両親に支えられ、荻野さんはまっすぐに前を見て、正々堂々と生きてきた。

もちろん、たまには男の子の暴力に負けるときもあったが、正しいと思ったことは決して曲げず、相手が根負けするまで立ち向かったという。

小学校を卒業し、中学生になっても行動に変化はなかった。

むしろ、より一層の情熱で正義を貫いていた。

荻野さんのクラスに、岸上さんという女の子がいた。

岸上さんは、一日中全く喋らない子だった。

街中で母親と一緒のところを目撃されたことがあるのだが、そのときは普通に会話を交わしていたそうだ。

在校中は俯いたまま一切喋ろうとしないため、先生に当てられても、音読を指示されても応えることができない。

必然的に他の人がやらされる。何度もやられると、不満に思う子も出てくる。

それを避けるため、最初から岸上さんを無視する先生もいるのだが、それはそれで不公平だと言う子も多かった。

恐らく岸上さんは、学校や職場など特定の社会的場面で話せなくなる場面緘黙《かんもく》という疾患なのだが、そんな病気があるのを知る人間は少ない。

殆どの人は、単なる性格の問題だと片付け、本人もそう思ってしまう。ちゃんとした治療を受けずに成長し、大人になっても苦しむことがある。

病気だと分かっても、一気に治るものではない。段階的な治療や訓練を経て、ゆっくり改善させるのが正しい方法だ。

だが、岸上さんは周りに理解者がいなかった。

俯いたまま授業を受け、体育の授業は隅で固まったまま、毎日を乗り越えていた。

そのような人を前にして、荻野さんが動かない訳がない。

まずは朝の挨拶だ。

優しく声を掛け、返事がなくても会話を続ける。

私はちゃんとあなたを見てるよと知らせるために、顔を覗き込んで話す。

先生に頼んで隣の席に替えてもらい、音読の順番が回ってきたら代わりにやる。

体育の授業も率先してペアを組み、少しでも授業に参加できるようにした。

口の悪い級友が荻野さんの奮闘を称して、聖女様と呼ぶぐらいの活躍だった。

それほどの努力にも拘らず、岸上さんは頑なに態度を変えなかった。いや、変えられなかった。

実のところ、もし場面緘黙だったとすれば、荻野さんの接し方は最悪である。

無理に喋らせようとしたり、交流を強制することは、絶対にやってはならない。

話したくても話せない相手への会話の強制は、暴力と同じである。

自分の行いが正しいと信じきっている荻野さんは、それに気付こうとしなかった。

本人の幸せのために頑張っているのに、何一つ状況が変わらない。

荻野さんは、漸く自分が空回りしていることに気付いた。

一旦、距離を置いてみよう。そうすれば、私の大切さを分かってくれるかもしれない。

荻野さんはそう考えたのだが、事はそれほど単純ではなかった。

荻野さんが積極的に交流しようとした結果、場面緘黙が悪化していたのだ。

ある日、岸上さんはいきなり嘔吐し、倒れてしまった。

風邪を引いて気分が悪くなっていたのだが、言い出せずに我慢し続けてしまったのだ。

この日を境に、岸上さんはイジメの対象として認定されることになった。

今までは無視するだけの存在で済んでいたのに、物言わぬ奴隷として扱われるようになったのだ。

噂によると岸上さんの父親は現役の教師、母親は良家の娘であったため、不登校は絶対悪とされ、選択肢にすらならなかったらしい。

岸上さんは、声を殺して泣きながら登校するしかなかったのである。

そこまで追い込まれた人間が取る道は限られている。

岸上さんは、想定される中でも最悪な道——自殺を選んでしまった。

その日、岸上さんは初めて学校を休んだ。

担任の教師が、岸上は無断欠席だと言った瞬間、クラス中が拍手したという。

そんなことをされる理由は一つもないのだが、荻野さんですらホッとしたのは確かであった。

一限目が始まった直後、中庭で大きな音がした。

何事かと皆が窓辺に駆け寄り、中庭を見下ろした。そこにあったのは、首がおかしな形に折れた岸上さんだった。

悲鳴を上げる者、泣き出す者、怒声を上げる教師。それと大多数を占める好奇心丸出しの者達とで、学校は騒然となった。

荻野さんはふらふらと窓を離れ、自分の席に戻った。

まさか自殺するとは。それほど追い詰められていたなんて。

もう少し私が頑張っていたら。

いつの間にか、自分が思いを口に出していることにさえ気付かない。

荻野さんは、もう一度言った。

「もう少し私が頑張っていたら」

「はあ？　それが迷惑なんだよ」

聞き覚えがない声で、誰かがそう言った。

「え。誰」

クラス全員、窓辺にいる。座っているのは自分だけだ。

「わー、ひどーい。さっき死んだばっかりなのに、もう忘れるんだ。あ。そうか、私の声聞いたことなかったか」

隣の席で岸上さんがわざとらしく笑った。

驚いて仰け反る荻野さんに向かって、胸のところで小さく手を振り、岸上さんは「はあい」と笑った。

「あんたにしか見えないと思うから、気遣わなくていいよ」

立ち上がった岸上さんは、軽やかにステップを踏んで窓際に近づき、ふわりと浮いた。

皆の頭の上を左右に泳ぎながら、中庭を覗き込む。

「うっわ。あれ私？　きもっ！　てか、誰も助けようとしないじゃん。ほんと酷いよねー、この学校」

すっと自分の席に戻り、岸上さんは身体を揺らして笑う。

「これ、こっから先の授業なくなるだろうな。皆、私に感謝してほしいわ」

荻野さんは教室を出て洗面所に向かった。顔を洗ってから教室に戻る。

岸上さんはまだそこに座っていた。

「おかえりー。目、覚めた？」

岸上さんは、にこっと微笑んだ。

わざとらしい笑顔に苛ついてしまった自分に驚き、荻野さんは慌てて顔を伏せた。

「イラってした？　おかしいなぁ、こうやって話してるんだから喜んでよ、荻野ちゃん」

荻野さんは無視することに決めた。

応えたら霊の存在を認めてしまう。荻野さんは反応を止めて、俯いた。

岸上さんが顔を覗き込んで言った。

「私、ちゃんとあなたを見てるよ」

苛つきが頂点に達し、荻野さんは声を荒らげた。

「何なのよ、しつこいわね。私、あんたを助けてたじゃない」

にたにたと笑っていた岸上さんが、いきなり真顔になった。

「誰が頼んだ。苦しいです、寂しいです、助けてくださいって一言でも言ったか。私、この教室の中、いや世界中で、あんたが一番嫌い。イジメる奴らよりも誰よりもあんたが憎い。自分勝手な幸せを押し付けて、何が聖女だ。偽善をネタにしてオナニーしてるだけじゃん」

私、あんたが死ぬまで見守ってやるからね。

そう言い残して、岸上さんは消えた。僅かに血の臭いが残っていた。

在学中はもちろん、卒業して高校生になっても、宣言通り岸上さんは荻野さんから離れようとしなかった。

荻野さんが何か良い行いをする度に「出た。聖女様の施し」などと耳元で囁く。

それ以外は何もしない。

それだけなのに、嫌で嫌で堪らない。荻野さんはいつしか、善行を止めた。


ある日のこと。荻野さんは自転車で買い物に出かけた。

店に向かう道を進んでいくと、前方に老婆がいた。

足腰が悪いのだろう、よたよたと道を塞いで歩いている。

見ているうちに、荻野さんは腹の底から怒りが湧いてきた。

「邪魔なんだよ、どけよ糞婆」

怒鳴った瞬間、荻野さんはあまりの気持ちよさに身体が震え、失神しそうになった。

耳元で岸上さんがくすくすと笑っている。

気を取り直した荻野さんは、満面に笑みを浮かべ、もう一度老婆を怒鳴りつけて自転車を進めた。

その日を切っ掛けにして、荻野さんは生き方を改めた。

邪魔する人は罵倒し、失敗した人は徹底的に糾弾し、泣いている人に爆笑する。
そんな日々を送っている限り、岸上さんは何も言わない。
満足そうに頷くだけだという。

# 痛いの痛いの飛んでいけ

柴田さんは、息子の雄也君と二人暮らしだ。

夫の家庭内暴力が酷く、離婚に至ったという。

それからは雄也君との幸せな暮らしを守るべく、柴田さんは身を粉にして頑張ってきた。

その甲斐あって、去年の春に新築のマンションに引っ越すことができた。

雄也君が通う予定の小学校にも近く、職場への出勤も楽になる。

何よりも眺めが良い。小学校の校庭も見渡せる。仕事に疲れて帰宅した後、雄也君と二人で眺める夕陽は格別だった。

もちろん、雄也君には一人でベランダに出ないように言ってある。

手すりは大人の胸ぐらいの高さがあり、大丈夫とは思うが、万が一ということもある。

素直な性格の雄也君は、真剣な顔で頷いた。その姿が思わず抱きしめてしまうぐらい、可愛らしい。

この子がいて良かったと思える瞬間だった。

引っ越して一つだけ困ったのは、今まで預けていた託児所が使えなくなったことだ。近所の保育園は定員に達しており、今からでは入れそうにない。

あと一カ月で小学校が始まる。それまでは雄也君に頑張ってもらうしかない。

雄也君は、大丈夫だと小さな胸を叩いた。母親の苦労を見て育ったせいか、いざというときは頼りになる子だ。

我慢を強いるのは本意ではないが、その分しっかり甘えてもらおうと心に決め、柴田さんは仕事に励んだ。

あと僅かで入学式。

その日も柴田さんは仕事に励んでいた。

雄也君が大好きな唐揚げを作ろうと、帰りにスーパーに寄った。

玄関のドアを開けた柴田さんは、一気に不安になった。

部屋の灯りが消えている。大抵の子供はそうだが、雄也君も暗闇を怖がった。いつもなら、全ての部屋の灯りを煌々《こうこう》と点けているはずなのだ。

急速に膨れ上がる不安を押しのけ、柴田さんは玄関と廊下の灯りを点けた。

「うわっと。もう、ビックリさせないでよ」

すぐ目の前に雄也君がいる。

「どうしたの、灯りも点けないで」

「おかあさん、ごめんなさい」

雄也君は泣きそうな声で謝り始めた。

「学校の校庭でみんなが遊んでて、凄く楽しそうで、僕、もっと見たくて、イス持ってきて見てたんだけど、手すりから落ちちゃった」

これは駄目だ。何処で覚えたか知らないが、こういう冗談は良くない。

柴田さんは、雄也君を見据えて叱った。

「いい加減にしなさい。もうすぐ小学生なんだから、やって良いことと悪いことは分かるでしょ。すぐに御飯にするから、早く手を洗ってきなさい」

雄也君は、泣きながらごめんなさいと繰り返し、洗面所に向かった。

「ほんとにもう。冗談にも程があるわ」

柴田さんがそう言った瞬間、洗面所から得体の知れない音が聞こえてきた。

大量の水をぶちまけたような音だ。

驚いて洗面所のドアを開けると、辺り一面が血の海になっていた。

その海の真ん中に肉塊が浮いている。雄也君の顔つきの肉塊だ。

柴田さんは絶叫を上げながら、雄也君の顔を拾い上げようとした。
次の瞬間、血の海も肉塊も全て消え去ってしまった。

雄也君の遺体は、駐輪場の屋根の上で見つかった。
見ただけで即死と分かる状態だった。
あの夜、雄也君が謝ったとき、抱きしめてあげれば良かった。
柴田さんは、噛みしめた歯が欠けるほど悔やんでいる。

# 交換しましょ

その日、園田さんは息子を幼稚園に送り届けてから、買い物に出かけた。

自転車で向かう先は、隣町のスーパー。週に一度の特売日だ。この日を逃すわけにはいかない。

頑張った甲斐があり、欲しかった物は全て手に入った。満足度マックスで自転車を漕ぎ出そうとした途端、背後から声を掛けられた。

振り向くとそこには、笑顔の女性が立っていた。何処かで見た覚えはあるのだが、詳細が思い出せない。

園田さんの様子で察したらしく、女性は自ら名乗ってくれた。

「産院で隣の部屋だった藤原です。同じ日に出産した」

「ああ、藤原さん！　お久しぶりです」

正直なところ、笑顔で呼び止められるほど親しくした覚えがない。

出産日が同じだったのも、退院の日に知ったぐらいだ。

会話にしても、二言三言交わしたぐらいである。迎えに来た御主人の派手なブレスレットと、黒塗りの高級車しか印象に残っていない。

「康生君、元気？」

「はい、もうやんちゃ坊主で困ってます」

あれ？　うちの子の名前、教えたっけか。そっちは何て名前だっけ……思い出せない。全く印象がない。

園田さんは、戸惑いながらも適当な返事を返した。

「うちの祥太もそれぐらい元気ならいいんだけど」

祥太君ね、よし覚えた。あとは無難な会話で収めよう。肉と魚は保冷バッグに入れてあるが、できるだけ早く帰りたい。

とにかく早くこの場を切り抜けたい。園田さんは最も無難な質問を投げかけた。

「御自宅、この近くなんですか？」

「いえ。隣の県です。週一でこの店に園田さんが来るって分かったから、早くから待ってました」

え。何それ。気持ち悪いんだけど。

反射的に浮かんだ思いを隠しきれず、園田さんは藤原を睨みつけてしまった。

その顔をものともせず、藤原は唐突にとんでもないことを言った。

「園田さん、大変なんです。私達の子供、取り替えられてたんですよ。それを教えたくて。ね、交換しましょ」

藤原は、興信所を雇って園田さんの家や家族の情報を手に入れ、このときを待っていたのだという。

それもこれも含めて、何から何まで気持ちが悪い。

そもそも、子供が取り替えられたなどという馬鹿げたことを信じろというのか。

「あの、さっきから何言ってるんですか。子供の取り違えなんて起こるはずないでしょう」

普段は温厚な園田さんだが、思わず声を荒らげてしまった。

藤原は顔色も変えず、子供に言い聞かせるような口調で説明を始めた。

「いいですか、子供っていうのは、母親が自分の血と肉とで作り上げた芸術品なんです。自分が作った作品と、他人が作った作品の見分けが付かないはずがないじゃないですか。うちの祥太は私の子じゃありません。どう考えても違う。この私があんな欠陥品を作るはずがない。でね、分かったんです。同じ日に生まれた子がいた。その子と取り替えられたんじゃないか。調べれば調べるほど確信しました。康生君は私が作った作品です」

これは完璧に危ない人だ。これ以上相手にしていたら、何をされるか分からない。

自転車に乗ったままで良かった。

園田さんは、隙を見て思い切り自転車を漕いだ。

藤原は二、三歩追いかけたが、すぐに立ち止まり、大声で叫んだ。

「交換しなさい！　あんたは間違ってるのよ！」

園田さんは必死になって自転車を漕いだ。

交差点を二つ越えて、漸く振り返る余裕が生まれた。

追ってきていないことを確認し、息を整え、再び自転車を走らせる。

自宅に到着したところで気付いた。

あの女は、この家も知っている。家どころか、康生が通う幼稚園も知っているはずだ。

この不安は、一人で抱え込むには大き過ぎる。園田さんは一部始終を文章にして、夫の携帯に送った。

夫は食品工場に勤めているため、昼の休憩時にしか携帯を見られない。

それまでしばらく時間がある。園田さんは、産院に電話を掛けた。

事実確認というより、藤原がどういう人間か知るためだ。

とりあえず事情を説明し、折り返しの連絡を待つしかないだろう。

そう予想したのだが、実際は全く違っていた。藤原という名前を出した途端、院長が電話口に出てきたのだ。

本来なら個人情報は厳守するべきだが、情報を共有しておかねばならない程、藤原は特殊な人なのだという。


最初に分かっていてほしいのは、藤原の子供には先天的な欠陥があるということ。

それが納得できないと言って、藤原は毎週のように怒鳴り込んできた。

あんなのは私の子供じゃない、お前らが違う子供と取り替えたんだろう、返せ戻せ。

そう叫びながら暴れ回るため、警察を呼んだのも一度や二度ではないそうだ。

だから、もしも藤原が近くに現れたら、一切相手にせずに警察を呼んだほうがいい。

それが院長からの忠告だった。

当たり前の話だが、赤ちゃんを取り替えるなどという馬鹿げた行為はしていないそうだ。


事情が分かると、余計に心配になってきた。

そんな危険な人物が、住所も家族の情報も知っているわけだ。

やはり早めに警察へ相談に行こう。

気持ちを固めたところへ、夫からの返信が入った。

安否を訊ね、不安を取り除くためにも警察へ行こうと書いてある。

今から行ってくると返事を送り、園田さんは玄関のドアを開けた。

目の前に藤原が立っていた。

悲鳴を上げるのも忘れ、ドアノブを握ったまま固まる園田さんに笑いかけ、藤原はゆったりと言った。

「逆らっても無駄だから。もう始めてるし」

藤原はそれだけを言い残し、笑いながら走り去った。


その後、不思議なことに藤原は全く姿を見せなくなった。

警察官が何度か巡回してくれたのが幸いしたのかもしれない。

油断は禁物だが、ひとまず安心と言っても差し支えない状態である。

いつもの平穏な日常が戻ってきたかに見えたのだが、この頃から康生君は体調を崩しやすくなった。

幾ら眠っても、すぐにまた眠ってしまう。起きていても、心ここに非ずといった様子だ。

そんな状態を続けていたある日、園田さんは大変なことに気付いた。

康生君の視力が急激に衰えている。医者に診せたが、首を捻るばかりである。

念のため、精密検査を受けた結果、脳が縮小しつつあるのが分かった。

視力が衰えたのもそのせいだという。そうなった原因は不明だが、先天的な障害のような症状だと医者は言った。

それからしばらくして、康生君は視力を失った。間を置かず、言葉も失い、手足の自由もなくした。

それでも園田さんは、康生君の回復を信じ、必死になって病院を回った。

そんなある日のこと。

園田さんは康生君とともにタクシーで自宅に向かっていた。

何げなく歩道を見ると、そこに藤原がいた。

輝くような笑顔で男の子と歩いている。男の子は元気一杯の様子で、歩道の縁石ブロックの上を見事なバランスで駆け抜けている。

それは、健康な頃の康生君が得意としている遊びだった。

タクシーの運転手に止まってほしいと言った瞬間、藤原と男の子が黒い車に乗り込んで走り去るのが見えた。

それが藤原を見た最後である。

康生君は、その日以来、長時間の外出が難しくなってしまったからだ。

園田さんは、何とかして元通りにしたいと願いながら、康生君の介護を続けている。
どうやったら交換できるんだろう。
その本音を口に出すと自分が壊れそうだから、黙ったまま無心でやっているという。

# どうする

恵美さんは夫である良彦を自慢に思っていた。

良彦は、夫としても父親としても理想的な男である。

一人娘の瑞希が生まれたときも、育児休暇を取得し、まずは自分にできる範囲のことを率先してやった。

分からないことや曖昧な知識しかないことは、ちゃんと訊いて解決してから取り掛かる。

恐らく、会社でもそうやっているのだろうと思われる仕事ぶりだった。

性格も穏やかで優しい。イジメや児童虐待のニュースに涙をこぼすのは、いつものことである。

子供の列に自動車が突っ込んだニュースでは、真っ青になって顔を背けたぐらいだ。

どれほど仕事が忙しくても、近所の公園で瑞希と遊び、時々はテーマパークや水族館にも連れていった。

当然、職場での評価も高い。先輩に可愛がられ、後輩に慕われ、同僚からは頼りにされ、正に模範となる社員である。

とんとん拍子に出世を決め、瑞希が十歳になったのと同時に、一戸建ての主となった。

恵美さんにとって、宝くじの特賞のような伴侶だ。

穏やかな幸せに満ちた日々に、微かな曇りが生じたのは、瑞希が中学生になって間もなくである。


瑞希が、父親を避けるようになったのだ。

食卓でも真正面を避ける。というか、父親がいるときは食事をしない。

恵美さんが、幾ら言い聞かせようが、頑なに拒否する。

友人や母に相談してみたが、年頃の女の子はそんなものだから気にしなくても良いという解答しか返ってこない。

確かにそれもあるだろうが、あまりにも異常だ。

良彦自身は、あまり気にしていないようだが、恵美さんのほうが苛ついてきた。

夫である前に、大好きで結婚した相手なのだ。これほど否定されるような人ではない。

むしろ、他人も羨む完璧な父親ではないか。

とはいえ、頭ごなしに叱っても解決にはならないだろう。

何故嫌いなのか明確にするのを最優先事項と決め、恵美さんは瑞希を食卓に呼んだ。

ここからは駆け引き抜きと決めてある。恵美さんは、一枚の画用紙を瑞希の前に置いた。

「今から質問するから、答えを書いていって」

瑞希はサインペンの蓋を取って、構えている。

わざわざ書かせるのは、言った言わないを避けるためだ。

「第一問。お父さんの好きなところを書きなさい」

瑞希は戸惑うことなく、すらすらと書き始めた。

やさしい、あそんでくれる、かっこいい、オムライスがつくれる、ママをたいせつにしてる。

あっという間に書き終えた。常日頃から感じていないと、これほど順調に書き出せないだろう。

まずは一安心だ。

「じゃあ次の質問。お父さんの嫌いなところ」

その途端、瑞希が手を止めて恵美さんを睨みつけた。

「ママ。ほんとに書いてもいいのね」

やはり、嫌いなところがあるのか。睨みつけられたことよりも衝撃だ。

だが、これを始めたのは自分のほうだ。恵美さんは、大きく頷いて先を促した。

画用紙の上に水滴が落ちた。見ると、瑞希は涙をこぼしながら書いている。

しまった。追い詰めたのかもしれない。

恵美さんは止めようとしたが、瑞希は既に書き上げてしまっていた。


〈お父さんの嫌いなところ〉

〈幽霊を連れている〉


え。何を言ってるの、この子は。

戸惑う恵美さんの前で、とうとう瑞希は声を上げて泣き出した。

「怖い、怖いよママ！　あのね、女の子なの。私と同じぐらいの子。セーラー服を着てる。血だらけでおとうさんを睨んでる」

宥めるのが大変だった。瑞希は泣き疲れ、眠ってしまった。


その夜。

恵美さんは、帰宅した良彦に事の次第を話し、画用紙を見せた。

何があっても笑顔を絶やさない良彦が、顔を歪めて画用紙を凝視している。

「これを……瑞希が」

「ええ」

「僕の回りに幽霊がいるのか」

良彦はしばらく黙っていたが、意を決したかのように話し始めた。


僕、十三歳の頃、無免許で車を運転してたんだ。

暴走族ってまではいかないけど、無茶苦茶な走り方してて。

十四歳の誕生日の前の晩、夜通し走って帰る途中、登校中の女の子に突っ込んでしまった。

瑞希と同じ、十三歳だった。

セーラー服が血に染まってたのを覚えてる。


罪を償ってから、必死で働いて、大学の検定も取って、今の会社に就職したのだという。

全てを話し、俯いたままの良彦を恵美さんは優しく抱きしめた。

もう償いは終わっているのだから、あなたは一生懸命やったんだから。

そう言って慰めているうち、二人とも泣いてしまっていた。

翌日。

良彦を送り出してから、恵美さんは瑞希の部屋に向かった。

布団に入ったままの瑞希に、良彦の過去を正直に話した。

「お父さんは頑張って、罪を償ったの。瑞希、本当はお父さんが大好きなんでしょ？　見えているんだったら、その子に、ごめんなさいって言ってあげて。ちゃんと供養しますからって」

返事がない。瑞希は布団に潜ったままだ。

「ねぇ、瑞希ってば」

漸く、瑞希は返事をした。

「車で轢いたって言ったの？」

「そうよ。正直に打ち明けてくれたの」

恵美さんがそう答えた途端、瑞希は布団を蹴飛ばして起きあがった。

「車で轢いたなんて嘘よ。その子、お父さんにイジメられて自殺したって言ってる」

どうやってイジメたか教えてあげるわ。

まるで別人のような甲高い声で、瑞希は延々とイジメの方法を話し始めた。

口の中に生きた蛙入れて無理に口を動かされた。

シャープペンで胸を突き刺して豚って入れ墨された。

弁当箱に犬の糞を詰められた。足首をロープで縛られ、窓から吊された。

裸にされたことは数え切れない。

皆が見ている前で犯された。

それをやったグループのリーダーが、あいつなのよ。にたにた笑って、死ぬまでやれって。

嘘だと思うなら名前訊けよ、飯田佳乃って名前だから。

長い髪が自慢だったけど、あいつに坊主にされた飯田佳乃だよ。

異様な犯行を声高に並べ立てて、瑞希は失神した。

想像で言えるような内容ではない。

その日一日、恵美さんは何もする気になれず、瑞希と二人で部屋に引きこもっていた。


「ただいま。誰もいないのか」

玄関先で良彦の声がする。いつもと同じ優しい声だ。

瑞希と良彦と、どっちを信じるのか。飯田佳乃という名前を口にしていいものか。

そうすることで、この生活は間違いなく終わる。

けれどこのままだと瑞希は壊れてしまう。

良彦が鼻歌を歌いながら近づいてくる。

どうする。

どうすればいい。

恵美さんは決められずに、静かに泣いた。

# 墓地

浅野さんには、美結ちゃんという娘がいる。三歳になったばかりだ。言葉が発達し始め、言動の一つ一つが可愛くて堪らない。

帰宅した浅野さんを回らぬ口で、おかえりなさいと出迎えてくれる。その後ろで、愛する妻が柔らかく微笑む。平凡だが、幸せに満ちた家庭は浅野さんの生き甲斐であった。

五月の第一週、浅野さんは少し長めの連休を取った。普段、頑張っている妻に休んでもらうためだ。

少し贅沢な一日が過ごせるよう、軍資金を渡す。妻は、有給休暇だと笑った。

学生時代の友人と約束しているらしく、帰りは九時を過ぎるかもと言い残して出かけていった。

無論、望むところである。家事全般は独身時代から自信があるし、今のところ、育児も楽しんでやれている。

今日は美結ちゃんと親子水入らずだ。起きてきた美結ちゃんは、母親がいないことに少し不安な様子を見せた。

事情を説明し、お父さんといっぱい遊ぼうと言った途端、機嫌が直った。

「しょうがないわねー、おとうさんは」

などと言っている。それが妻の口調に瓜二つで、浅野さんは心から笑った。

朝ご飯を済ませ、公園へ。

美結ちゃんは砂遊びが好きなようで、一生懸命に砂山を作っている。

妻は汚れるのが嫌いだから、普段は遠慮しているのかもしれない。

午前中いっぱいを公園で過ごし、浅野さんは砂まみれの美結ちゃんを連れて帰宅した。

こうなることは想定済みである。すぐに風呂を使えるようにしてあった。

美結ちゃんは、昼間から入る風呂が気に入ったようで、お気に入りの童謡を歌っている。でたらめな歌詞に、浅野さんはまた笑った。

「そうだ。今なら良いかも」

良い機会だから、浅野さんは予《かね》てからの計画を実行することにした。

胎内記憶という言葉がある。全体の三割近くの子供が、母親の胎内にいる間のことを覚えているというものだ。

子供によっては、前世の記憶を持つ者もいる。質問するなら、三歳ぐらいが良いらしい。

そういった事象が大好きな浅野さんは、機会が訪れるのを待ちかまえていた。

妻は、スピリチュアルなことが大の苦手である。

テレビの心霊特集など、以ての外だ。胎内記憶の話題を出せるはずもなかった。

やるなら今しかない。調べたところによると、胎内記憶の質問は一度しかしてはならないらしい。

絵本やテレビなどから影響を受け、子供自身が勝手に記憶を上書きしてしまい、精度が薄れていくからだ。

入浴で心身ともにほぐれた今は、質問するのに最適である。

「ねぇ、美結ちゃん。お母さんのお腹の中にいたときのこと、覚えてる?」

「うん。おふろみたいだった」

来た来た来た。浅野さんは小さくガッツポーズを取り、質問を続けた。

「そうなんだ。どんな気持ちだったのかな」

「せまかった」

「そっかー。お母さん、痩せてるもんな。せまいよね」

「ちがうよ。おなかのなか、たくさんいたの」

一瞬、浅野さんは言葉に詰まった。たくさんと聞こえたのだが。

「たくさんって……」

「四人。男が一人、残りは女。全員、堕胎された子」

急激に風呂の温度が下がった。目の前にいるのは確かに我が子なのだが、口調が違う。

「私達は、あなたの奥さんが若い頃に殺された。外の空気を吸うことなくぐちゃぐちゃの肉にされた。供養すらされなかったから、ずっと腹の中にいる」

呆然と見つめるしかない浅野さんをじっと見つめ、美結ちゃんの姿を借りたそれは、ゆっくりと言った。

「あなたの奥さんは、私達の墓地なのよ」


その言葉を最後に、美結ちゃんは元に戻った。

「おとうさん、おふろつめたいよー」

「あ。ああそうだね。上がって御飯にしようか」

昼食を済ませ、昼寝をさせ、また公園に行った。

夕食の途中で妻が帰ってきた。

「ただいまー、二人とも大丈夫だった？　あら、美味しそうな御飯ね。良かったね、美結」

浅野さんは、正面から妻の顔を見られなかった。

視線を逸らすと下腹部が目に入った。
一瞬、何とも表現できない肉の塊が浮かび上がり、すぐに消えた。
この女が死んだら、あの子達はどうなるのだろう。
浅野さんは、ぼんやりとそんなことを考えていた。

# あとがき

厭が満ちる

少し前のことだ。怪談の師である加藤先生からこんなことを訊かれた。

色々なジャンルの中から、好んで怪談を書くのは何故か。

最近では、怪談ブームとかで新人作家さんや朗読会も増えたが、私が書き始めた頃はマイナーな業界であった。

読むだけならともかく、書こうとする人は少なかったと思う。

それに加えて、御存知の通り、私が書く怪談は厭系と区分される特殊なものだ。

特に、家族に関する怪談が多い。

家族の愛が良い結末を導く話、家族が壊れていく話、家族を壊そうとする何かの話。

いずれも、根底にあるのは家族を守りたいという意志だ。

加藤先生曰く、怪談作家の傾向は、その著者が持つ興味に左右されるのではとのことだ。

いわゆる琴線に触れるという奴だ。

だとしたら、私が〈家族が毀《こわ》れる話〉ばかりを拾って選んでしまうのは、家族（幸福な暮らし）を失うことを何より恐れていることの裏返しなのではと、結論が出た。

今現在、私の家族は健康で、仕事や学業も充実している。子供達も素敵に面白い人間に育ってくれた。

確かにこれを失うのは恐ろしいが、そう思うためには必要な要素がある。

それは、不幸だ。

私は、僅か三歳のときに父親を亡くした。自らは頬に大きな痣を抱え、思いがけない病で失明寸前にまで陥り、怪我で右手首の動脈を切断した。身内にも不幸な目に遭った者が多く、よくよく思い起こすと、何かしら呪われているとしか思えない少年時代を過ごした。

だからこそ、平凡で穏やかな家庭に強く憧れ、壊そうとするものには激しい恐怖を覚えたのである。

それは自分自身のみならず、他者の家庭の話でも同じだ。

取材中、不幸が予測できるときがある。そういった話を聞いている間中、予測が外れることを熱望するのだが、その願いが叶うことは少ない。

そんな取材を十何年も続けていると、アンテナは感度を増してくる。

家族にまつわる話に関しては、少しばかり自信がある。

それも、少年時代の自分が踏み台になってくれたからだ。

あの頃の自分に出会えたら、将来は厭な怪談ばかり書く作家になれるよと教えてあげたい。物凄く嫌な顔をされるだろうが。

さて、今回の本は厭満《えんまん》という。

お気付きの方もおられるだろうが、これは家庭円満に掛けた言葉だ。

先に書いた、家族の愛が良い結末を導く話、家族が壊れていく話、家族を壊そうとする何かの話、その全てが入っている。

話を聞かせてくれた人達は、全員が当たり障りのない普通の人生を送っていた。

それが、ちょっとしたことを切っ掛けにして、崩れてしまったのだ。

止まない雨はないという言葉がある。よく言われる励ましの言葉だ。

優しい言葉だと思う人も多かろうが、私は嫌いだ。

止まない雨はないから、今は我慢しなさいと言う意味が含まれているからだ。

明けない夜はないも、出口のないトンネルはないも同じだ。

だから、今は頑張って我慢しなさいまで言わないと正確ではない。

止まない雨はないから、この傘をあげるとか、雨が止むまでこっちに来なさい等と言ってくれる人は皆無だ。

この本に登場する人達には、決して届かない言葉である。

幸せは丈夫そうに見えて、とんでもなく脆い。
いわば、角砂糖と同じだ。怪異に浸れば、留まることなく削れていってしまう。
どう頑張っても、元には戻らない。
そんな話ばかりを集めた本になった。
読後感は最悪だと思う。にっこり笑って、この作者は糞《クソ》野郎だなと言ってほしい。
それは、厭系実話怪談の黎明期から生き残っている私にとって、最高の讃辞である。

二〇二二年末　湖国にて

つくね乱蔵

本書の実話怪談記事は、恐怖箱 厭満のために新たに取材されたものなどを中心に構成されています。快く取材に応じていただいた方々、体験談を提供していただいた方々に感謝の意を述べるとともに、本書の作成に関わられた関係者各位の無事をお祈り申し上げます。



# 恐怖箱 厭満

2023年1月3日　初版第一刷発行

著者……つくね乱蔵
総合監修……加藤 一
カバーデザイン……橋元浩明（sowhat.Inc）

発行人……後藤明信
発行所……株式会社　竹書房
〒102-0075　東京都千代田区三番町8-1　三番町東急ビル6F
email: info@takeshobo.co.jp
http://www.takeshobo.co.jp
印刷・製本……中央精版印刷株式会社